길 위의 절

글·사진 장영섭

불광출판사

여는 글

〈불교신문〉에 2008년 한 해 동안 '길 위의 절 절 안의 삶'이란 제목으로 연재했던 글들을 묶었다. 전국에 산재한 마흔두 개 조계종 사찰을 돌며, 보고 듣고 느끼고 생각한 것들을 정리했다. 절 안에 깃든 갖가지 사물과 생명, 주변의 풍광에 대해 썼다. 잊힌 역사를 글감으로 삼기도 했다. '자세'가 좀 나온다 싶은 것들은 사진으로 찍어 남겼다. 곧 절의 안팎에 관한 이야기다.

　내가 본 절들은 하나같이 비슷비슷한 몸통을 지녔다. 조용하고 정갈한 품성도 일치했다. 그들은 눈을 감고 입을 다문 채 고통의 근원인 마음을 닫을 것을 권했다. 강단진 무욕(無慾)을 바라보는 일은 심심한 사골 국물을 먹는 것과 같았다. 건강엔 좋지만 재미는 없는 일. 그러나 나이는 단순히 숫자가 아니다. 절들은 오래 살아온 만큼 쉽사리 상상할 수 없는 곡절을 한둘쯤은 갖고 있었다. 아무도 알아주지 않았던 사연을 알아주면 절들은 대번에 반색을 하고 아예 곳간까지 내주었다. 외로웠던 것이다. 그들이 허락한 자리엔 이런저런 깨달음이 쌓여 있었고, 나는 그것들을 주워먹으며 하루를 보냈다.

　생애 세 번째 책을 낸다. 『그냥, 살라』는 조계종 원로 및 중진 스님들과의 대담이었고, 『떠나면 그만인데』는 강원(講院)이라는 승가

(僧伽)의 교육기관에 관한 책이다. 유의미한 작업이었다고 자부하지만 매출은 신통치 않았다. 무엇보다 타인의 이름을 빌린 말들이거나, 내 인생과는 상관없는 제도에 대한 채록과 설명이었기에 아쉬움이 있었다. 이제 겨우 내 얘기를 쓴다.

너무 오래 살았다는 생각. 술은 원 없이 마셔봤고 세상일은 전부 우습다. 나의 행복을 남들에게서 기대하지 않으며, 탐욕의 매력과 체념의 효과에 대해서도 두루 안다. 내게 삶은 오래 비운 집이나 배신한 동업자와 같았다. 좀체 내 것 같지 않았다. 잡념과 대망 사이의 싸움에선 언제나 잡념이 완승을 거뒀다. 결정은 언제나 늦었고, 늦어서 틀렸다. 숱한 실패와 포기, 망설임과 겁먹음이 지금의 시공으로 나를 끌고 왔다.

그러나 달마와 손을 잡은 이후엔 사정이 한결 나아졌다. 그는 나의 오판을 존중했고 잡념을 저버리지 말라고 격려했다. 말 많고 탈 많은 이 순간이 깨달음의 낙처(落處)란다. 삶이란 본래 내 것이 아니었다. 그것은 누구의 것도 될 수 없는, 바람 속의 바람이요 생각이 만든 생각이다. 결국 슬프다는 느낌은 귀신의 장난일 뿐이다. 그러나 장난인 줄 알면서도 무섭다. 앞으로도 당하고 겪을 일이 많을 것이다. 흔쾌히 맞서 줄 요량이다. 죽음이 나를 안아주기 전까지는. 스스로 선택한 고독과 기갈. 나는 나의 불안을 믿는다.

잘 썼다는 칭찬은 곧잘 들었지만 팔릴 수 있는 글이 될지는 모르겠다. 글을 연재할 기회를 선사한 불교신문사, 출판이라는 어려운 결단을 내린 불광출판사에 감사한다. 그리고 아내여, 내 유일한 친구, 사랑한다.

2009년 이른 봄...

차례

여는 글 2
찾아보기 270

절 안의 깨달음

순창 만일사의 고추장 햇볕과 물, 바람의 포만이 빚은 진미 10
의성 고운사의 가운루 혼자 살되 엇나가지 말고, 여럿이 살되 묻어가지 마라 16
논산 관촉사의 미륵 민중의 꿈을 먹고 사는 '위험한' 부처님 22
제천 덕주사의 능엄주 말이 안 되는 말로, 말이 되는 삶을 꿈꾸네 28
문경 김용사의 해우소 도저히 참을 수 없는 순리, 버리지 않을 수 없는 욕망 34
공주 신원사의 중악단 세상의 눈으로 부처님을 봐야 할 때도 있다 40
영월 법흥사의 만다라 삶의 길에 관한 '반면교사' 46
공주 갑사의 불족적 발 냄새만 한 수행의 향기가 어디 있겠는가 52
상주 남장사의 이백 그에게 인간은 재난과 같았다 58
안동 연미사의 제비원 새로 일어설 절집의 성주신 누가 영접할까 64
곡성 태안사의 능파각 삶의 무게가 이 정도라면 살 만할 것이라 생각했다 70
부안 개암사의 우금바위 암벽의 다부진 살갗에 인간의 역사를 섞으면 더러워진다 76
양평 사나사의 부도 단순하고 초라하며, 서글프고 정직하다 82
남원 실상사의 석장승 옛 마을에서 쉽게 마주쳤을 법한 얼굴들 88
예천 용문사의 윤장대 양심의 가책, 인간이 운명에게 거둔 유일한 1승 94
서울 수국사의 황금사원 모든 존재는 없음으로 있을 때 가장 완벽하다 100

절이 안은 생명

공주 영평사의 구절초　선악의 피안을 어찌 말로 다스릴 것인가　108
강진 백련사의 동백　빈곤도 좌절도 능히 잊게 할 만한 환영　114
고령 반룡사의 대나무　나무여도 괜찮고 풀이어도 괜찮은　120
남양주 묘적사의 연못　검어서 푸근하고 작아서 놀라웠다　126
함양 벽송사의 미인송　넘어질 듯 넘어지지 않는 삶처럼　132
천안 광덕사의 호두나무　사람의 머리를 사로잡고 사람의 머리 위에 앉았다　138
춘천 청평사의 고려정원　부처의 얼굴을 했다고 부처인 것은 아니니까　144
진주 응석사의 무환자나무　이름이 불필요한 것들은 언제나 이렇듯 순하다　150
함안 장춘사의 불두화　자연을 약탈한 공간의 크기가 곧 문명의 수준이다　156

절에 잠든 역사

서울 호압사의 호랑이　부처님이 호랑이 꼬리를 밟았다　164
안성 칠장사의 임꺽정　역사는 인간의 필요에 의해 반드시 재생된다　170
김해 모은암의 가야　전쟁을 일삼던 족속들은 미처 꿈꾸지 못했을 풍속　176
경주 골굴사의 원효　끊임없이 치고 빠지는 죄들이 만들어내는 비릿한 질서　182
제주 서관음사의 '4.3'　아무도 기억해주지 않는 죽음을 자연이 챙겨주고 있었다　188
의정부 망월사의 위안스카이　'절대 자유'에 초를 치는 물건　194
괴산 공림사의 송시열　죽을 때까지 죽어야 하는 실존의 지겨움　200
익산 숭림사의 달마　웃기면서 죽는다는 것　206

절 바깥의 풍경

서산 부석사의 기러기　서로 다르게 살지만, 그들도 우리였다　214
밀양 표충사의 산들늪　땅 밑에서 부글부글 끓고 있을 그들의 생사(生死)를 알면서도　220
서귀포 봉림사의 하논　미륵불이 언젠가 내려와 앉을 좌복 같았다　226
대구 부인사의 포도밭　역사 밖의 역사, 역사가 무시한 역사는 알 도리가 없다　232
영주 희방사의 기차역　철길은 이제 수송이 아니라 풍경으로만 기능한다　238
울산 동축사의 관일대　신라인들이 품었던 꿈의 무게　244
양산 용화사의 낙동강　사통팔달이 이뤄져도 곡소리는 끊이지 않았다　250
남원 선국사의 교룡산성　성벽의 거칠고 단단한 돌들은 자비와 무관해 보인다　256
광주 무각사의 극락강　문명의 빛 흐르는 껍질뿐인 '극락'　262

태어남과 죽음 사이에 삶이 있다.
인간은 왜 태어났는지 왜 죽어야 하는지 알지 못한 채
생(生)과 사(死)가 뱉어놓은 찌꺼기에만 반응하고 연연한다.
부처님은 태어남과 죽음 사이에 다리를 놔준 분이다.
났으면 죽어야 하고 죽었으면 나야 한다는 위대한 체념은,
세상을 한결 수월하게 건너게 해준다.

절
안의
깨.달.음.

순창 만일사의 고추장
의성 고운사의 가운루
논산 관촉사의 미륵
제천 덕주사의 능엄주
문경 김용사의 해우소
공주 신원사의 중악단
영월 법흥사의 만다라
공주 갑사의 발
상주 남장사의 이백
안동 연미사의 제비원
곡성 태안사의 능파각
부안 개암사의 우금바위
양평 사나사의 부도
남원 실상사의 석장승
예천 용문사의 윤장대
서울 수국사의 황금사원

순창 만일사의
고추장

햇볕과 물,
바람의 포만이 빚은
진미

'순창' 하면 '고추장' 이다. 만일사는 순창고추장의 시원지다. 내력은 이렇다. 어느 날 이성계가 스승인 무학 대사가 머물던 만일사를 찾아가다 순창의 한 농가에 들렀다. 거기서 점심을 먹었는데 고추장 맛이기가 막혔다. 훗날 왕좌에 오른 이성계는 그 날의 그 맛을 수라상에 올리라 명했고, 순창고추장은 역사적인 특산품으로 등극했다. 절 한편에 자리한 만일사비(碑)의 내용이 옛일을 말해준다. 마멸이 심해 지금은 글자를 판독하기 어렵다. 비문엔 만일사란 이름의 유래에 관한 구절도 들어 있단다.

무학 대사가 이성계의 개국(開國)을 위해 1만일 동안 기도정진을 했다는 내용이다. 만일이면 어림잡아 27년이다. 은유와 상징이 전설의 속성임을 감안해도 쉬 믿기지 않는다. 개인적으로는 만일(萬日)이란 이름에서 남도에 작렬하는 뜨거운 태양열을 봤다. 괜히 태양초겠는가. 여하튼 순창군은 오늘날 군을 먹여 살리는 효자상품을 있게 한 만일사를 위해 경내에 고추장 전시관을 짓기로 했다. 부처님오신날 직후 삽을 떠 연말이면 완공될 예정이다. 버스터미널 인근엔 순창고추장 민속마을이 조성돼, 차지게 매운맛이 그리운 행락객들을 유혹한다. 집집마다 고추장 천지다.

만일사에서도 고추장을 담갔다. 해마다 2월 말이면 절 아래 산안마을에서 할머니들이 올라와 '마을의 자랑' 을 빚었다. 한때는 절 텃밭에서 고추를 직접 재배했었다. 한 번에 600킬로그램씩 푸지게 담가 이웃과 나눠먹고 외지에 팔기도 했다. 된장도 같이 만들었다. 정월 대보름이 지나면 노파들은 여남은 명씩 절에 모였다. 고추장을 담그기 알맞은 길일은 십이간지 중 말(馬)에 해당하는 날이었다. 그날 해야 장맛도 좋고 이물질이 끼지 않는다는 풍설 때문이다. 일꾼들은 평생

동안 식구의 입에 넣을 찬을 준비하다가 저도 모르게 장류를 터득한 사람들이다. 고추장처럼 온몸이 곰삭은 그들은 로봇보다 부지런한 몸과 컴퓨터보다 정확한 감을 지니고 있었다. 사흘 밤낮을 두고, 땡볕에 바싹 말린 고추에 찹쌀과 메주를 섞고 굵은 소금을 덮었다. 장독에 담아 90일에서 100일을 숙성시키면 임금이 격찬했던 진미가 탄생했다.

　절에서는 올해도 어김없이 된장은 해두었지만 고추장은 준비하지 못했다. 고춧값이 콩 값에 비해 두세 배는 비싼 탓이다. 게다가 된장과 같은 양의 고추장을 만들려면 콩보다 훨씬 많은 고추를 투입해야 한다. 된장에 비해 손이 유난히 많이 가는 점도 작업에 애를 먹인다. 된장은 공기와 습기가 약이 되는 반면 고추장은 독을 여닫거나 침이 묻은 숟가락이라도 꽂으면 금세 맛이 상한다. 물론 아무리 까다롭고 고된 일이라도 뜻이 맞고 사람만 많다면 어떻게든 이뤄지는 게 이치다. 이젠 고추장을 담그려야 담글 사람이 없는 게 문제다. 30여 가구가 사는 산안마을은 대부분 독거노인이 사는 1인 가정이다. 고무장갑에 장을 찍어먹으며 와자지껄하던 아낙들은 구십 줄에 다다른 노구로 임종의 문고리를 잡고 섰다. 절에서도 앞으로는 고추장마을에 원료만 가져다주고 제작은 대행해서 먹을 생각이다. 만일사 앞마당에 가지런히 늘어선 빈 장독대만이 붉은 추억의 표식이다.

　말 그대로 산 안에 있다는 뜻의 산안마을은 강원도 두메산골에 필적할 만큼 험한 산세다. 만일사가 위치한 회목산 정상은 해발 630미터 남짓이다. 고도는 그다지 높지 않지만 넓이와 깊이가 높이의

순창고추장은 섬진강 상류의 지하 암반수로 빚는다. 순창은 예로부터 옥천(玉川)골로 불릴 만큼 물이 좋은 고장이었다.

만일사가 위치한 회목산 정상은 해발 630미터 남짓이다.

위세를 대신했다. 바위산의 두툼한 혈맥들은 논밭을 파먹고 구름을 삼켰다. 평일 아무도 찾지 않는 만일사에 오르면 절대고독을 느낄 수 있다. 순창은 한국전쟁 무렵 빨치산의 총본산이었고 회목산은 그 중에서도 알짬이었다. 엄폐가 확실한 데다 민가가 멀지 않아 군진(軍陣)으로 삼기에 제격이었다. 빨치산은 회목산에서 봉기해 활동하다 쫓기고 쫓겨 지리산까지 파고들었다. 회목산은 국군과 빨치산의 격전으로 불바다가 됐었다. 정말 온 산이 고추장처럼 벌겋게 익었다는 전언이다. 1급수에서만 서식하는 다슬기가 지천에 널릴 만큼 물이 맑지만 암석들은 하나같이 검고 칙칙하다. 여전히 지워지지 않은 전흔이다.

순창고추장은 섬진강 상류의 지하 암반수로 빚는다. 순창은 예로부터 옥천(玉川)골로 불릴 만큼 물이 좋은 고장이었다. 진하고 깔끔한 장의 뒷맛은 물맛 덕분이란 게 전문가들의 의견이다. 순창고추장은 비옥한 토양에서 자란 농산물로 제조한다. 국내의 토양 온도권은 크게 온대권(8~15℃)과 열대권(15~20℃)으로 압축된다. 온대권의 상한계와 열대권의 하한계 토양온도는 15℃에서 만난다. 15℃를 중심으로 온대권과 열대권이 경계를 이루는 지역은 고창 – 순창 – 남원 – 하동 – 사천 – 진양 – 함안 – 김해 – 양산 – 울주 – 영일을 잇는 선이다. 순창은 바로 온대권과 열대권의 접경에 자리했다. 한류와 난류가 만나는 해역에서 만선(滿船)을 기대할 수 있듯, 순창의 토양은 온대와 열대가 갖고 있는 양분의 총화다.

순창고추장은 다른 지역과 만드는 시기가 다르다. 여기선 처서 전후에 메주를 띄워 음력 동지섣달 전후에 고추장을 담근다. 타지에선 으레 음력 10월에 메주를 쑤어 곧바로 메주를 띄우지만 순창에서는 음력 7월 전후(양력 8~9월)인 여름철에 고추장용 메주를 별도로 만든다. 장의 단맛을 내는 곰팡이의 경우 온도가 높을수록 많이 번식한다는 이유에서다. 메주를 충분히 발효시켜 이듬해 봄에 담그고 고추장도 음력 동짓달 중순에서 섣달 중순 사이에 담근다. 신맛 제거를 위한 '저온 발효'다. 계절을 달리해 만드는 장맛의 우위는 다른 지역 산물과의 비교실험으로도 입증됐다. 순창고추장에는 감칠맛을 내는 아미노산이 제일 많고 쓴맛을 내는 아미노산이 적게 들어 있는 것으로 밝혀졌다. 메주를 띄우는 시기가 여름철이어서 곰팡이가 잘 분해 되니, 단맛을 내는 효소가 그만큼 활발하게 용해된다는 이야기다. 대신 고추장을 담그는 시기가 추운 겨울이어서 당화(糖化) 속도가 느리고 유산균의 번식이 더뎌 신맛을 내지 않고 감칠맛이 생긴다.

순창은 고추장의 맛을 좌우하는 효모균이 자라기에도 최적의 기후이다. 1년 중 안개일수가 70~75일로 50일이 채 안 되는 전국 평

균에 비해 월등히 많다. 15~20℃에 달하는 충분한 일교차도 확보하고 있다. 풍부한 일조량과 뚜렷한 일교차, 넘치는 습기는 온난다습한 곳을 좋아하는 효모균들의 낙원이다. 요컨대 최고가 되는 데는 그만한 까닭이 있는 셈이다. 순창고추장은 이렇게 햇볕과 물, 바람이 만든다. 어쩌면 인간은 조력자에 불과하다. 하긴 그렇지 않은 일을 헤아려보는 것 자체가 어리석고 우습고, 또한 답답하다.

곰팡이에게 천국인 공간이라면 사람에겐 지옥과 다를 바 없다. 뭐든 잘 썩는다는 의미니까. 햇볕과 물, 바람의 포만이 항상 즐거운 것은 아니다. 다른 지역에 비해 잘 부패하고 잘 녹스니 순창에서는 음식물과 가옥 관리에 특히 신경이 쓰인다. 발효란 미생물이 자신이 가지고 있는 효소를 이용해 유기물을 분해하는 과정을 일컫는다. 발효와 부패는 비슷한 과정으로 진행되는 현상이지만 가치는 전혀 딴판이다. 분해 결과 인간에게 유용하면 발효요, 유해하면 부패다. 만일사 대웅전 뒤편으로 진달래가 흐드러졌다. 법당을 어루만지는 봄바람은 손발도 없는 게 잘만 돌아다닌다. 바람에 실린 온기와 습기 역시 몸이 없는 것들이다. 이름을 기릴 수도 없고 책임을 물을 수도 없는 바람은 자유롭게 휘돌며 세상을 깨우고 망친다.

만일사 대웅전 뒤편으로 진달래가 흐드러졌다.

의성
고운사의
가운루

혼자 살되 엇나가지 말고,
여럿이 살되 묻어가지 마라

고운사(孤雲寺)는 이름처럼 외롭다. 대구에서 출발하면 차량으로 1시간 20분을 달려야 한다. 절의 홈페이지에 올라온 약도는 유난히 설명이 길다. 기차, 고속버스, 시외버스, 지선버스, 택시 … 거의 모든 교통수단을 언급했다. 길의 시작을 제외하면 온통 정적이다. 심연으로 들어가는 낭하와 같이 좁고 깊었다. 한때는 366칸의 건물에 200명의 대중이 살았다. 해방 이후 급격히 쇠락했다. 사람이 들어와 건드리지 않은 탓이다. 박색(薄色)인 길은 유혹에 서툴렀다. 화(禍)가 들어오지 않는 길엔 복(福)도 들어오지 않았다. 그래도 경북의 의성, 안동, 영주, 봉화, 영양에 산재한 60여 대소사찰을 관장하는 절이다. 명색이 조계종 제16교구의 본사지만, 본사 가운데 가장 작다. 말사인 부석사가 훨씬 더 유명하다. 〈불교신문〉 입사 7년 만에 처음 가 본다.

고운사는 이름처럼 맑다. 외로워서 맑다. 대찰에 있기 마련인 사하촌이 형성되지 않아 풍경이 일절 상하지 않았다. 솔밭으로 물든 옛길 그대로다. 청정하고 도도하다. 본래는 고운사(高雲寺)였다. 신라 신문왕 원년(681) 해동 화엄종의 시조인 의상 대사가 창건했다. 스님은 부용반개형(芙蓉半開形, 연꽃이 반쯤 핀 모양)의 명당에 법당을 앉히고, 삼국통일을 갓 이룬 모국의 융성을 빌었다. 원효가 극락의 바깥으로 탈주해 또 다른 극락을 일깨웠다면, 의상은 극락의 안에 머물며 극락을 살찌운 스님이다. 학문적으로도 윤리적으로도 한 조각의 흠결을 용납하지 않았다.

선(禪) 체험관을 건립하고 수월암을 복원한 주지 호성 스님은 중흥불사로 분주하다. 학승의 산실이었던 강당도 다시 지을 참이다. 스님은 "의상 대사를 닮은 사찰로 거듭나게 하겠다"고 말했다. 수월암은 수월영민 선사(水月永旻, 1817~1893)가 거처하던 암자다. 입적했을 때 무려 64과의 사리가 나왔다는 전설적인 선지식(善知識)이다. 제자들

대찰에 있기 마련인 사하촌이 형성되지 않아 풍경이 일절 상하지 않았다. 솔밭으로 물든 옛길 그대로다. 청정하고 도도하다.

이 부도를 세워드리겠다고 건의하자 "모양이 본래 있느냐"며 물렸다. 열반을 앞두고 스님은 제자들에게 다음의 세 가지를 당부했다. 빈소를 차리지 말 것, 다음날 낮에 곧바로 화장할 것, 절대 울지 말 것.

　　도선 국사(道詵國師)는 고려 태조 왕건의 스승이었다. 한국 풍수지리학을 창시한 당신이 절을 가만 놔뒀을 리 없다. 이때 가람이 크게 일어났다. 오법당십방사(五法堂十房舍, 5동의 법당과 10동의 요사) 크기로 절을 키웠다. 약사전 안의 부처님(보물 제246호)과 나한전 앞의 삼층석탑(경북 문화재자료 제28호)이 스님의 작품이다. 절은 길한 지세와 도승(道僧)의 신력에 힘입어 지장보살의 영험이 돋보이는 성지라는 명성을 얻었다. 죽어서 저승에 가면 염라대왕이 '고운사에는 다녀왔느냐' 고 먼저 묻는단다. 살아생전 고운사 참배 여부가 사면과 처벌, 감형과 혹형을 가르는 중대한 증거였던 셈이다. 까마득한 명부(冥府)에서도 주목할 만큼 고운사는 깨끗했다.

　　의상과 도선 사이의 역사엔 고운(孤雲) 최치원(崔致遠, 857~?)의 이름이 선명하게 박혔다. 그는 여지(如智)와 여사(如事)라는 스님과 함께 가운루(駕雲樓)와 우화루(雨華樓)를 건축했다. 절의 이름이 고운(高雲)에서

고운(孤雲)으로 바뀐 이유도 그의 영향 때문이다. 가운루는 예나 지금이나 고운사의 중심이다. 길이 16.2미터, 높이 13미터에 달하는 대규모 누각이다. 경내의 중앙을 가로질렀기에, 올라서면 절의 풍광이 한눈에 들어온다. 세 쌍의 가늘고 긴 기둥이 계곡 아래부터 몸체를 떠받치고 있다. 기둥의 길이가 조금씩 다른 데도 알찬 균형을 이뤘다는 점이 이색적이다. 현재의 가운루는 1668년에 중수한 것이다. 우화루는 절을 바라보는 방향에서 가운루의 왼쪽에 세로로 섰다. 가운루와 달리 사방이 문으로 막혔고 요즘은 도서관과 창고를 겸해 쓴다. 가운루와 우화루는 'ㄴ'모양으로 배치됐고 커다란 웅덩이를 감싼 형국이다. 웅덩이는 과거에 연못이었지만 지금은 물이 완전히 말랐다. 가운루 아래를 흐르는 계곡에도 물은 자국만 남은 정도다. 만성적인 가뭄의 자리엔 마른 낙엽만 무성하다.

    사찰명처럼 가운루와 우화루의 이름도 시간이 지나면서 조금씩 뒤틀렸다. 가운루는 원래 '운' 대신 '허(虛)'를 썼고 우화루는 음은 같지만 뜻은 다른 낱말로 채워졌다. 우화(羽化)였다. 가허루는 수행자라는 직분을 지녔다면 응당 가야할 길을 가르치는 표지였다. 허(虛)는 불성(佛性)을 의미한다. 그런데 멍에를 쓰듯(駕), 불성을 '짊어지고' 가란다. 가(駕)는 평생토록 오롯이 간직해야 할 계율(戒律)과 습의(習儀)를 가리킨다. 혼자 살되 엇나가지 말고, 여럿이 살되 묻어가지 마라 … 누각 위에 서서 순수하고 굳센 자연을 본받으라는 교시가 담긴 문자다. 가허에 의상이 지향했던 모범이 아로새겨졌다면, 우화(羽化)엔 '박제된 천재'의 대명사인 최치원의 장탄식이 숨쉰다. 신선. 불안하고 불평등한 현실의 등쌀에 밀려난 그가 대업 대신에 꿈꾼 대몽이다.

고운은 12세에 당나라로 건너가 스물도 되기 전에 과거에 급제하는 쾌거를 올렸다. 성공적인 조기유학은 사실 자의보다는 타의에 가까웠다. 모국에선 아무리 잘 나도 도저히 '뜰' 수가 없었다. 고운은 6두품이었다. 골품제는 신라 사회의 근간이었고 나라가 망할 때까지 유지된 시스템이다. 귀족이었던 성골과 진골을 비롯해 6두품에서 1두품까지. 벼슬의 고하뿐만 아니라 혼인의 대상, 가옥의 규모, 의복의 빛깔, 마차의 장식에 이르기까지 생활 전반에 걸쳐 특권과 제약이 갈라졌다. 6두품은 나름 지배층이었지만 지배할 수는 없는 애매한 계급이

가운루는 고운사의 중심이다. 올라서면 절의 풍광이 한눈에 들어온다.

었다. 귀족은 6두품에게 자신의 오른팔이 되는 것까지만 허락했다. 나라를 관리할 순 있어도 통치할 순 없었다. 팔자가 꼬인 '경계인' 몇몇은 고약한 풍습을 등지고 권력의 외곽에서 제3의 길을 모색했다. 유독 6두품 출신 예인이나 학자가 많은 이유도 이 때문이란 설이 있다.

885년 고운은 서른을 앞두고 신라로 돌아왔다. 이미 당나라 황제로부터 어대(魚袋)를 하사받고 '토황소격문'으로 중원에 문장가의 이름을 떨친 '귀하신 몸'이었다. 자신의 능력과 위신이라면 나라를 바꿀 수 있으리란 패기와 오만이 있었을 것이다. 그러나 섣부른 판단이었고 때 이른 귀환이었다. 진성여왕에게 국정쇄신안을 담은 시무책 10조를 건의했다가 여지없이 퇴짜를 맞았다. 핵심은 물론 골품제의 폐지였다. 골품제는 임금도 어쩌지 못하는 천명과 같은 것이었다고 본다. 진성여왕이 평생 독신으로 일관한 까닭도 왕실에서 성골 출신의 배필을 찾지 못했기 때문이란 짐작이 있다. 잔뜩 삐친 고운은 이후 조정을 멀리하고 외직으로만 돌았다. 그가 역사에 남긴 눈부신 글귀들은 결국 좌절의 산물이다. 그는 실패했기 때문에 빛날 수 있었다.

최근 고운사는 절 입구에 화엄일승법계도(華嚴一乘法界圖)를 조경으로 꾸몄다. 법계도는 의상 대사가 자신이 바라본 극락을 도식화한 문양이다. 정사각형에 가까운 미로의 모습을 띠었다. 처음과 끝이 하나로 만난다. '법성원융무이상(法性圓融無二相)'에서 시작해 소용돌이를 그리며 뻗어나가 '구래부동명위불(舊來不動名爲佛)'로 끝나는 7언 30구 210자는 세상을 건디는 방법에 대해 기술하고 있다. '하나(一) 안에 전부(一切)가 있으며 많음(多) 안에 하나가 있다. 하나가 곧 전부요 많음이 곧 하나다. 작은 티끌 안에 세계의 전체가 들어 있다.' 일희일비하지 말고 둥글게 살아라. 살았다고 잘된 것 아니요 죽었다고 끝난 것 아니다.

논산
관촉사의
미륵

민중의 꿈을 먹고 사는
'위험한' 부처님

미륵은 위험한 부처님이다. 미륵을 참칭하는 자들은 백이면 백 사기꾼이었다. 56억 7000만 년 만에 내려온다는 신화는, 약물을 쓰지 않고도 사람들을 미치게 만들었다. 지독하게 인색한 은정에 많은 민중이 울었다. 울면서 밟히고 밟히면서 울다가 또 속고 또 무너졌다. 재림의 주기만큼이나 재림의 강도 역시 어처구니없었다. 미륵불의 세상은 고통이란 개념조차 존재하지 않는 낙원이었다. 주민들의 수명은 8만8000세였고 생각만 하면 모든 것이 실제로 이뤄지는 곳이었다. 누구도 외면하기 어려운 꿈이다. 꿈이 크면 병도 크고 병이 크면 꿈도 크다. 지독하게 아프면 헛것이 보인다. 아프면 아플수록 헛것은 살찐다. 미륵은 절망의 해법으로 자주 애용됐다. 사기꾼의 헛것과 피해자의 헛것은 서로 손을 잡고 이성(理性)과 살림을 파먹었다.

　미륵불상은 길가에 뒹구는 돌덩이에서 출발했다. 백성들은 사람의 모습을 닮은 바위를 골라 마을 한가운데 가져다두고 복을 빌었다. 사찰이 이를 받아들인 건 나중의 일이다. 신앙의 유통이 역전된 셈이다. 민초들의 병든 마음에 자생적으로 자라난 꿈을 사찰이 주워 담아 받드는 식이었다. 미륵은 예수 이전 한국인들의 오랜 메시아였다. 백성들의 미륵은 죽음을 두려워하고 폭력을 싫어하는 본능에 의한 발명이었다. 절대적 신권을 통해 죽음과 폭력을 해소하려 했다. 최악의 빈곤과 소외만은 막아달라는 몸부림이었다.

　백제와 신라의 왕권은 순조로운 지배를 위해 미륵신앙을 통치이념으로 삼았다. 임금은 곧 미륵이라고 우겼다. 임금은 미륵처럼 차려입긴 했지만 미륵처럼 살지 않았다. 임금의 미륵은 죽음과 폭력을 강요했다. 임금과 백성은 같은 미륵을 두고 다른 꿈을 빌었다. 애초에 길이 갈렸고 그들은 고금에 걸쳐 반목할 수밖에 없었다. 겉과 속이 다른 사이비 미륵의 변덕에 시달릴수록 백성들의 꿈은 더 요란하고 얼토당토않게 커졌다. 바위에 눈, 코, 입을 그리고, 손발을 돋을수록 꿈은 구체화되고 치졸해졌다. 미륵의 형상이 뚜렷해질수록 백성의 미륵은 임금의 미륵과 닮아갔다. 무지막지한 대불(大佛)을 모시기에 이르렀고 의식은 화려하고 복잡해졌다. 밥 한술 마음 놓고 뜨고 싶다는 욕심 역시 밥상과 반찬을 가리는 수준으로 진화했다.

　논산에 관한 기억은 짧고 가파르다. 연무대에서 훈련병 신분으로 뭉개던 두 달 외에는 밟아 본 적 없는 땅이다. 그 때도 여름이었다. 복종과 치욕, 불만과 인내가 한 모밭에 뒤엉킨 날들이다. 오래 군인으로 살았던 사람들은 신참들에게 상관을 아비로 막사를 집으로 삼으라고 권장했다. 하지만 갓 들어온 사내들이 바라던 미륵은 누가 뭐래도 제대였다. 관촉사로 가는 길은 뜨거웠다. 장마는 시작된 지 사흘 만에 한풀 꺾였다. 젖어있던 열기들은 습기를 신경질적으로 털어냈다.

은진미륵으로 불리는 관촉사 석조미륵보살입상은 머리가 반, 몸통이 반인 형국이다. 지나치게 큰 얼굴이 사뭇 해학적이다.

관촉사 석조미륵보살입상은 보물 제218호다. 주로 별명인 은진(恩津)미륵으로 불린다. 고려 광종 19년(968)에 조성됐으니 1000년을 훌쩍 넘긴 나이다. 높이 18.12미터 둘레 11미터, 귀의 길이는 3.33미터다. 어떻게 돌을 옮겼을 지가 의문이다. 머리가 반, 몸통이 반인 형국이다. 지나치게 큰 얼굴이 사뭇 해학적이다. 하지만 이만큼 이목구비가 선명한 미륵불상을 본 적도 없다. 부리부리한 눈과 넙적한 코, 길게 늘어진 귀와 두툼한 입술은 세월의 풍화를 비웃는다. 오른손이 불상의 몸 쪽으로 가려져 수인(手印)은 중품하생인(中品下生印)인지 하품하생인(下品下生印)인지 분명치 않다. 중지를 구부렸다면 전자요 약지를 구부렸다면 후자다. 수인은 부처님의 권능과 깨달음의 내용을 손가락으로 표현한 상징이다. 제도해야 할 중생의 근기(品)와 처지(生)에 따라 부처님은 다르게 설법했으며, 수인도 품과 생을 상중하로 가른 뒤 아홉 가지 계급으로 세분한다. 으레 미륵의 환상을 품는 계층들의 신세를 고려하면 은진미륵의 수인은 하품하생인으로 봐야 옳다.

은진(恩津)은 예전 논산에 있던 읍(邑)의 이름이었다. 하지만 미륵이 은진이란 별명을 얻게 된 전설은 애먼 지역과 엮여 있다. 어느 날 아낙 둘이 고사리를 캐다가 갓난아기가 우는 소리를 들었다. 울음소리를 따라가 보니 아이는 없고 거대한 바위만 솟아오르고 있었다. 괴이한 현상에 놀란 여인들은 관가에 가서 이 사실을 알렸다. 소문은 임금에게까지 흘러들었다. 조정은 하늘의 상서로운 계시로 해독했고 왕은 그 자리에 불상을 조성하라 명했다. 불사의 총책은 금강산에서 수행하던 혜명 대사였다. 스님은 바위를 하반신으로 삼고 다른 지역의 바위로 머리와 몸통을 조각해 서로 이어 붙였다. 미간에 박힌 수정이 발하는 빛은 중국에서도 볼 수 있었단다. 절의 이름은 그래서 관촉(灌燭)이 됐다. 은진미륵이 완성된 직후 북쪽 오랑캐가 쳐내려왔다. 시대로 보아 거란이거나 여진이다. 대군은 압록강에서 길이 막혔다. 도강의 방법을 고민하던 와중 한 스님이 태연하게 강을 건너는 장면을 목격했다. 강의 깊이를 얕잡아 본 오랑캐들은 곧추 강에 뛰어들다가 몰살당했다. 스님은 물 위를 걷고 있었던 것이다.

사람들은 손쉬운 승전을, 미륵을 세운 공덕이 외침에 개입한 결과라고 믿었다. 이때부터 은진미륵이 됐다. 불상의 조성과 전쟁의 승리는 상식적으로 무관하다. 그러나 세상은 별개인 사건에 인과관계를 억지로 삽입했다. 우연을 용납하지 않았다. 모든 게 우연이라면 오늘은 위태롭고 내일은 허망할 테니까. 미륵이 국가적 재난을 막아준 것처럼 자신의 삶으로 엄습해오는 악들을 차단해 주길 원했다. 행운과 불운을 그냥 넘기지 않았고 반드시 이유를 물었다. 그런 식으로 복을 감사하고 화를 인정했다. 민중은 그렇게 왜곡의 힘으로 버텼다.

서울 조계사는 2006년 11월 대웅전에 대형 삼존불을 봉안했다. 법당의 격에 맞지 않게 왜소한 목조불상을 대체한 것이다. 새로 모신 부처님은 우람하고 화려했지만 절에 오래 다니던 사람들 중 일부는 불만을 표시했다. 덕분에 꼬부랑 할머니들이 기자회견을 여는 이색적인 광경을 목격할 수 있었다. 그들은 "우리 부처님을 해하지 말라"고 했다. 몇몇 분들은, 울었다.

구조주의자들은 역사의 발전을 부정한다. 세계 각국의 문화는 형식만 다를 뿐 본질은 같기에 가치를 비교할 수 없다는 주장이다. 나무토막을 신으로 떠받드는 미개인이나 예수 믿고 천국 가자는 현대인이나, 원하는 것은 지속가능한 삶이다. 개인의 영달을 바라는 종교행

은진미륵 앞에는 5층 석탑과 배례석이 있다. 고려시대에 만들어진 것으로 추정된다.

위는 민망하지만 최소한 민폐가 되진 않는다. 그러나 종교적 예경은 불상이나 십자가가 아니라 인간을 위한 것이다. 성물(聖物)이 스스로의 마음을 달래고 사회적 평화를 고민하는 몸짓의 대상이라면 충분히 정당하다. 항상 주객이 전도되면 문제다. 신성이든 제도든 자본이든 사람 아닌 것이 사람을 지배할 때, 세상은 정신을 놓는다. 자꾸 남에게서 메시아를 구할 때, 세상은 아무에게나 칼을 휘두른다. 미륵을 이용하는 모리배들은 대개 이것을 노린다.

제천
덕주사의
능엄경

말이 안 되는 말로,
말이 되는
삶을 꿈꾸네

문명이 발달한 사회일수록 이야깃거리가 많다. 돈이 흐르는 길로 말도 드나든다. 그리스와 인도, 아랍과 중국의 과거를 두텁게 수놓은 신화들은 그들의 풍부했던 자본과 문화를 증명한다. 반면 좁고 가난했던 옛 마을엔 기껏해야 하나의 전설만이 존재한다. 덕주사도 그렇다. 더구나 슬픈 전설이다. 슬프니까 절이 생겼을 것이다. 사방이 산으로 둘러싸인 분지에 천년고찰이 손발을 모으고 앉아 있다. 흡사 하늘에서 떨어뜨린 낙원은, 숨어서 울기에 좋은 절이다.

월악산이 깔고 앉은 충주와 제천은 38선 이남을 기준으로 국토의 정중앙이다. 이화령, 조령산, 문경새재, 부봉, 하늘재 … 고개와 고개가 꼬리를 무는 험난한 지형은 만주를 잃어버린 통일신라 이후 격전의 공간으로 자주 이용됐다. 북진을 원하는 쪽이든 남하를 원하는 쪽이든 반드시 짓밟아야 할 관문이었다. 덕주사 초입에 축조된 덕주산성은 고려시대 몽골 침략군을 격퇴시키기도 한 요충지였다. 사찰을 산성이 둘러치고 있다는 게 이채롭다. 더욱 이물스러운 건 성돌 옆의 남근석. 음기가 세다는 이유로 과거의 누군가가 가져다 놓은 솟대바위다. 덕주사는 한때 명성왕후의 은신처였다. 그녀는 임오군란으로 잠깐 권력을 회복한 흥선대원군의 복수를 피해 여기서 와신상담했다.

서기 587년에 창건된 덕주사의 본명은 월악사(月岳寺)였다. 덕주사란 이름은 덕주(德周)공주에게서 유래한다. 신라 최후의 임금 경순왕의 딸이다. 경순왕은 고려 태조 왕건에게 투항함으로써 천년의 사직을 단숨에 마셔 없앴다. 피를 흘리지 않아도 됐던 민초들에겐 그런대로 견딜 만한 망국의 형식이다. 그러나 왕의 자녀들은 아버지의 무책임을 용서하지 않았다. 덕주공주는 월악산으로, 남동생인 마의태자는 금강산으로 가출했다. 덕주사 동쪽 암벽의 마애불(보물 제406호)은 신라의 재건을 발원하며 덕주공주가 조성한 것이다. 동생의 모습을 형상화했다고 전한다. 하늘재 너머 중원미륵사지엔 석불입상(보물 제96호)을 세웠다. 한눈에 봐도 여성스러운 외모다. 잃어버린 천년과 기다림의 천년이 교차하는 지점에서 남매는 서로를 마주보고 있다.

덕주산성은 덕주공주를 평생토록 감금하기 위해 고려군이 쌓은 감옥이라는 이야기도 돈다. 1000년이면 강산이 100번 바뀔 시간이다. 여인의 비원도 끝내 풍화됐는지 아니면 원래 음기가 그런 것인지 덕주사는 기가 맑기로 유명하다. 때때로 선객(禪客)들이 들르면 무릎을 치는 청정도량이다. 철야정진을 해도 다음날 아침 애써 이부자리를 찾지 않을 만큼 기력이 성성하다. 굳이 경순왕의 비굴한 선택이 아니었어도, 이미 신라는 건드리면 터질 국력이었다. 한낱 돌에 그린 부처님이 전세를 역전시킬 리 만무했다. 13미터 높이의 덕주사 마애불은 과장이 심하다. 얼굴 부분이 유난히 튀어나왔다. 발은 지나치게 크고

대불정주범자비. 총 11행 105자의 능엄주 일부가 음각으로 새겨졌다. 국내에 유일하게 현존하는 능엄주 비문이다.

발가락도 굵고 길다. 그녀에겐 현실에 대한 앙상한 이해가 아니라 화려한 착각이 필요했을 것이다. 그래도 모국은 회생하지 못했다. 그녀가 죽었어도 마애불은 아름다웠다.

대불정주범자비(大佛頂呪梵字碑)는 충청북도 유형문화재 제231호다. 1988년 2월 월광사지(月光寺址) 입구의 논둑에서 발견됐다. 이후 월악산국립공원 관리사무소 한편에 뒹굴던 것을 덕주사 전 주지 성일 스님이 모셔 왔다. 가로 163센티 세로 161센티의 화강암 덩어리에 총 11행 105자의 능엄주(楞嚴呪) 일부가 음각으로 새겨졌다. 국내에 유일하게 현존하는 능엄주 비문이다. '大佛頂呪' 라는 한자를 빼고는 마멸이 심해 알아보기 어렵다. 하긴 글자가 닳지 않았다손 극소수의 식자들이나 해독할 수 있는 산스크리트(범어, 梵語)다.

능엄주 기도와, 『금강경』 등 여타 간경(看經)기도 수행법과의 극명한 차이는 글자의 불가독성에 있다. 한역(韓譯) 또는 최소한 한역(漢譯) 경전은 입으로 외는 것을 넘어 부처님의 가르침을 '이성적으로' 음미할 수 있다는 게 장점이다. 반면 범어로 된 불경은 입에서 뇌로 가는 길을 봉쇄했다. 능엄주의 서두다. '스타타가토스니삼 시타타파트람 아파라지탐 프라퉁기람다라니 나맣 사르바 붇다 보디 사트베타남 사 삼붇다 코티남 사스라바카 삼가남 로케아르 한타남 ….' 도대체 어쩌란 말인가.

신화의 기원에 관한 여러 주장 가운데 하나는 이해할 수 없는 자연현상을 설명하기 위해 만들어졌다는 설이다. 벼락과 홍수가 부족의 생존을 위협하면서 불과 물은 종교적 숭배의 대상으로 등극했다. 상대를 도저히 이길 수 없을 때 선택할 수 있는 건 죽음 혹은 굴복뿐이다. 인류는 기후의 급격한 변화에 의한 각종 재해들을 절대자의 분노로 읽었다. 일부러 그랬고 그래야 마음이 편했다. 이상한 것은 재앙의 결과는 손쉽게 의인화로 처리하면서도, 재앙의 이유는 철저히 불가해의 영역에 봉인했다는 점이다. 피붙이를 떼죽음으로 모는 끔찍한 변덕에 대해 '신의 섭리' 이상의 토를 달지 않았다. 다만 주술을 매개로 신과 인간의 교감을 시도했다. 주문은 인간이 만들었지만 인간이 알아들을 수 없는 언어다. 과학에 무지했던 옛사람들은 손에 잡힐 듯 분명한데도 도무지 만져지지 않는 고통을, 말은 말인데 말 같지 않은 말이 치유할 수 있으리라 믿었다.

능엄주(surangama-samadhi-dharani)는 '용맹스럽게 정진하여 정(定)을 닦는데 힘을 돕는 주문'이라는 뜻이다. 『수능엄경』 제7권에 수록됐다. 대표적인 주력(呪力) 수행법으로 정착해 간혹 어린아이마저 '개인기' 삼아 암기하는 형편이다. 인터넷상에선 능엄주의 영험에 관한 네티즌들의 증언을 심심찮게 볼 수 있다. '능엄주를 매일 꾸준히 외우다가 중간에 멈춘 적이 있었는데, 삶의 환경이 척박해지는 것을 경험했습니다. 그 때는 주위가 모두 나의 편이 아닌 듯했습니다. 다시 능엄주를 시작했고 중간에 놓아버렸던 것을 참회하며 매일 외우고 있습니다. 어쨌든 요즈음은 마음 편합니다.' 능엄주 수행을 한 후로 오래지 않아, 같이 점심을 먹었던 일행들의 앉은 순서와 옷차림까지 똑똑히 기억할 수 있게 됐다는 작은 기적도 거론했다. 낯설었지만 행복해 보였다.

능엄주에 천지가 개벽할 만한 문자적 의미가 숨어 있다고는 생각지 않는다. 부처님의 말씀이니 적어도 『금강경』 이상의 의미를 넘지 않을 것은 자명하다. 능엄주의 결과보다 능엄주의 이유가 눈에 더 밟힌다. 모두가 내 편이 아닐 때 찾아오는 절망감. '모든 사람들이 미끼를 걸고 낚싯대를 드리운다. 드리운 낚싯대에 무언가 걸리면 그걸로 희희낙락하며 한 길도 안 되는 낚싯대를 이리저리 휘둘러 댄다.

월악산이 깔고 앉은 충주와 제천은 38선 이남을 기준으로 국토의 정중앙이다.

서로의 재주를 미끼에 걸고 온 정신을 집중하여 상대의 기대감을 낚으려 한다. 네가 나의 낚시에 걸리고 내가 너의 미끼에 채인다. 하루를 계획하는 사람은 한 길도 안 되는 낚싯줄을, 일 년을 계획하는 이는 열 길도 안 되는 낚싯줄을 드리우며 걸리고 걸리어지는 것이 우리들의 삶이다.' 덕주사 주지 원경 스님의 법문이다.

  덕주사의 능엄주 비문은 1994년에 세워진 전각 안에 봉안돼 있다. 비석의 희미한 글씨보다 전각 시주자들의 쌀알 같은 명단이 열 배는 더 선명하다. 그들의 이름은 능엄주 곁에 있지만 일상이 언제나 복될 것 같지는 않다. 이런저런 논리로 버티고 버티다 안 되면, 결국 말이 되지 않는 말을 되뇌며 말이 되는 삶을 꿈꿀 것이다. 스스로 납득할 수 있는 삶, '말이다.'

문경 김용사의
해우소

도저히 참을 수 없는 순리,
버리지 않을 수 없는 욕망

불교에 익숙하지 않다면 '김용사(金龍寺)'는 대번 '금용사'로 읽기 십상이다. 본래 운봉사(雲峰寺)였으나 김용이란 이름의 어느 부자로 인해 사찰명이 바뀌었다는 전설이다. 그의 아버지는 죄를 짓고 운봉사 아래 있는 용소(龍沼) 근처에 숨어 살았다. 못 앞에서 지성으로 부처님에게 속죄한 덕분에 용왕의 딸을 아내로 얻었다. 둘 사이에서 태어난 아들 김용은 가세를 크게 일으켰다. 마을(김용리)과 마을에서 가장 큰 절의 명칭을 자신의 이름으로 바꿀 만큼 대단한 영향력을 지녔던 모양이다. 아낌없는 시주와 지원으로 얻은 인심 덕분일 것이다. 18세기의 일로 추정된다. 그가 어디에 묻혔는지 자손들은 무얼 해서 먹고 사는지 지금은 아무도 알지 못한다. 기억하기엔 주인공의 이름이 너무 흔하고 전설의 줄거리도 단조롭다. 자수성가한 사내는 마을과 절의 이름에 힘입어 가까스로 역사에 매달릴 수 있었지만, 그것은 죽은 역사다. 세상을 바꿀 힘은커녕 세상에 왜 있는지도 애매한 흔적일 뿐이다.

  차라리 산세로 보면 구름에 닿은 봉우리란 의미의 옛 사명(寺名)이 더 어울린다. 문경에서 김용사로 들어가는 길은 시골길의 전형을 보여준다. 서울에서 문경 간 고속버스 요금의 세 배를 택시비로 치렀다. 전국 각지에 창궐한 터널에 일절 상하지 않은 길은 자유분방한 곡선으로 내달리며 인간의 읍리를 장악했다. 기세등등한 운달산이 깔아보는 아래로 길은 끊임없이 열리며 닫히고 굽으며 뻗었다. 구렁이 등에 올라탄 듯 두렵고 희한하고 조심스럽다. 길들의 과격한 굴절은 순식간에 쌓이는 미터기 요금처럼 살아 움직였다. 김용사 홍하문(紅霞門)이 보이는 길 끝자락에서야 직선을 만난다. 차에서 내려 걸었다. 여기는 함부로 들어올 곳이 아니라며 한파주의보가 온몸 구석구석을 뒤졌다. 까마득한 겨울나무 숲 사이로 홍하문이 깨진 병 조각처럼 빛났다.

나뭇잎은 자국도 남지 않았지만 나무들은 몸통만으로도 기를 죽였다. 홍하문 이전의 길이 길이와 질감으로 위용을 드러냈다면 여기부터의 길은 부피와 양감에 주눅이 든다. 절 주변은 온통 거칠거나 질박한 것들뿐이다. 이래저래 막막한 이 길을 성철 스님도, 서암 스님도, 서옹 스님도 걸었을 것이다. 김용사는 조계종 종정을 지낸 선지식들의 주석처로 명성이 높다. 뭐 하나 기댈 것 없는 자연은 끝내 기댈 것은 자기 자신뿐임을 뼈저리게 가르친다. 머무르면 깨달을 수밖에 없는 김용사는 굳이 '김용사'가 아니더라도 충분히 절답다.

운봉사는 서기 588년 운달조사가 사찰을 창건하며 붙인 이름이다. 김용사는 일제강점기 31본산 가운데 하나로 50개의 말사를 거느렸다. 한때 전각의 수만 48개 동이었으며 소작미는 2000석을 넘었다. 경흥강숙(景興講塾)이란 강원(講院)이 1937년까지만 해도 존재했다. 국내 최대 규모의 온돌방이라는 재미난 이력을 갖고 있는 설선당(說禪堂)은 300명을 수용할 수 있는 강의실이었다. 성철 스님이 팔공산 성전암에서 10년 무문관을 마친 후 1965년 대중에게 최초로 설법을 시작한 곳이다. 경내에서 마주친 신도는 "20년 전만 해도 부처님오신날이면 등을 달러 온 불자들로 문전성시를 이뤘다"고 말했다. 오늘날은 숲 속에 깊숙이 박힌 절의 형국처럼 사찰의 위상도 후미진 편이다. 김천 직지사(조계종 제8교구본사)가 본사 역할을 대신했으며 김용사는 직지사의 말사로 편입됐다. 강원도 사라졌다. 1997년 실화로 설선당과 범종루, 해운암이 소실되는 화를 입기도 했다. 건물은 모두 원상 복구됐지만, 김용의 운명이 스쳐 일순 쓸쓸했다. 절에서는 화재 당시 흉측하게 타버린 무쇠솥을 한동안 그대로 보존했다. 사람들에게 무상(無常)을 가르치는 데 이보다 더 좋은 교보재(敎補材)는 없겠다는 취지에서였다. 지금은 누군가 치워버렸다.

김용사에서 가장 주목되는 풍물은 지은 지 300년 된 해우소다. 토속적인 목조건물로 조선 중기의 건축 양식을 고스란히 간직하고 있다. 요즘도 실제로 사용하는 화장실이다.

모든 것은 필연적으로 전락한다는 존재의 속성을 드러내는 표식 가운데 똥 만한 게 있을까 싶다. 김용사에서 가장 주목되는 풍물은 지은 지 300년 된 해우소다. 토속적인 목조건물로 조선 중기의 건축양식을 고스란히 간직하고 있다. 요즘도 실제로 사용하는 화장실이다. 직사각형으로 뚫은 구멍 아래로 똥과 흙이 반쯤 얼어서 뒤엉켰다. 발밑에 '지옥'이 들끓고 있으니 한발 한발 딛는 데 정성이 실린다. 나무 바닥이 삐걱대기라도 하면 괜히 움찔하지만 기우다. 전통적인 해우소의 재질인 소나무는 그 자체로 단단하다. 더욱이 오랜 세월 배설물에 함유된 염분 등의 화학물질과 상호작용을 일으켜, 웬만한 충격엔 균열이 나지 않을 정도로 강하다. 튼튼한 목재를 얻기 위해 소금물에 절이는 것과 같은 이치다. 배설물을 처리하기도 쉽다. 자연의 정화에 맡겨두다가 양이 좀 많다 싶으면 쌀겨나 톱밥 등속을 덮어준다. 특별히 관리하고 손볼 필요가 없다는 무위성이 영구성을 보장해준 셈이

김용사 가는 길은 기세등등한 운달산이 깔아보는 아래로 끊임없이 열리며 닫히고 굽으며 뻗었다.

다. 전소(全燒)와 중수(重修)의 지난한 반복으로 점철된 것이 우리나라 고찰들의 하나같은 역사다. 한반도를 훑고 간 숱한 전란들도 김용사 해우소는 건드리지 않았다. 쓸모가 없었기 때문이다. 수백 년을 건강하게 장수한 비결이다.

    사람은 죽어서 이름을 남긴다지만 몇몇 위인에게나 국한된 이야기다. 모든 사람이 유명해지지는 않지만 모든 사람은 똥을 눈다. 똥을 치우는 문제는 인류사의 오랜 화두였다. 기원전 2400년 고대 바빌로니아 유적에서 햇볕에 말린 벽돌을 쌓고 걸터앉는 방식의 수세식 변소가 확인됐다. 세상이 발전하면서 똥에 대한 관점도 진화했다. 중세 유럽인들은 전체 인구의 3분의 1을 죽음으로 몰고 간 페스트에 대처할 방편으로 배설물을 이용하기도 했다. 대변을 모은 주머니를 목에 걸었고, 소변으로 목욕을 했다. 지독한 냄새가 병균을 쫓아낼

것이란 믿음에서였다. 어처구니없는 오남용에서 보듯, 똥에 대한 그릇된 인식은 화장실 문화의 쇠퇴를 불러왔다. 가정의 화장실이 일반화되지 않은 19세기 초만 해도 서양인들은 금방 배출한 따끈따끈한 똥을 창 밖으로 내던졌다. 남자가 여자의 바깥쪽으로 걷는 미덕은 똥 세례로부터 여자를 보호하기 위한 고육책이었다. 거리에 낭자한 똥을 덜 밟기 위해 고안된 것이 하이힐이고 이때는 남자들도 하이힐을 신었다. 어설프긴 하지만 뒷간이라도 갖고 있었던 고대인들이 좀 더 개명했던 격이다. 농작물의 거름으로 배설물을 사용할 줄 알았던 이들은 똥에 대해 올바른 정보를 갖고 있었다. 더럽지만 어떻게든 처리해야 하고 제대로 쓰면 이익을 낳는 물질이라는 것. 그들은 똥을 똥으로 인정했다.

파종하기 전 온 들녘은 비료 삼아 뿌린 똥의 냄새로 풍성하다. 결국 밥은 똥의 자식들이다. 똥은 인간이 맨몸으로 만들어낼 수 있는 유일한 물건이다. 사람이 사는 곳엔 반드시 똥이 있다. 우리에게 가장 친근한 길은 똥을 만들어내는 몸속의 길이다. 입에서 항문으로 이어지는 이 길은 어둡고 더럽다. 모두가 외면하고 혐오하는 길이지만 우리의 몸을 몸답게 만드는 길이다. 모든 것은 흘러야 산다는 걸 일깨우는 예덕(穢德). 도저히 참을 수 없는 순리이자 버리지 않을 수 없는 욕망. 악취를 풍기는 흉물에서 본다. 무너지지 않으면 진리가 아니다.

공주
신원사의
중악단

세상의 눈으로
부처님을
봐야 할 때도 있다

계룡산(鷄龍山)은 신산(神山)이다. 산봉의 형태가 닭의 머리를 닮았고 아래는 용의 비늘처럼 보인다는 데서 유래한 이름부터 신령스럽다. 산의 범상치 않은 몸통은 수많은 풍수학적 신화를 양산했다. 백두대간에 흐르는 천하의 지맥이 응축되는 곳이라 조선의 도읍지 후보로도 심각하게 거론됐다. 『정감록』은 나라를 구할 영웅이 계룡산에서 태어날 것이라 예고했다. 모든 산엔 신이 있었고 그 가운데 계룡산 산신을 으뜸으로 쳤다. 무당들조차 계룡산에서 며칠 굶어 본 이력이 있어야만 당당하게 명함을 돌릴 수 있다. 신원사(新元寺)는 계룡산 4대 사찰 가운데 하나다. 동쪽의 동학사, 서쪽의 갑사와 더불어 계룡산의 남쪽을 지키는 절이다. 북쪽의 구룡사는 소실됐다. 신원사엔 중악단(中嶽壇)이란 전각이 있다. 계룡산 산신을 위한 제단이다.

　조선의 건국을 암시하는 태조 이성계의 꿈은 유명하다. 그는 꿈속에서 서까래 세 개를 짊어지고 불이 난 집을 탈출하는 자신을 봤다. 이성계의 든든한 책사였던 무학 대사는 그것이 새로운 왕조를 개창할 길몽이라고 해석했다. 화택(火宅)은 멸망을 목전에 둔 고려를, 각목 세 개를 등에 들쳐 맨 이성계는 왕(王)을 의미한다는 것이다. 달콤한 해몽을 고이 간직하고 있던 이성계는 개국에 성공한 후 자신의 나라를 확실히 후견해 줄 신들을 청했다. 나무를 일렬종대로 들었다는 점에서 착안해 남북 방향으로 묘향산, 계룡산, 지리산에 산신을 위한 제단을 세웠다. 상악단, 중악단, 하악단으로 1394년의 일이다. 상악단과 하악단은 한국사의 부침과 함께 사라졌고 중악단(中嶽壇)만 살아남았다. 장수한 덕분에 보물 제1293호라는 훈장도 얻었다.

　중악단은 절 안에 있지만 절과는 사뭇 다른 건물구조를 지녔다. 왕궁의 축소판이다. 구릉지의 동북과 서남을 축으로 대문간채, 중

중악단은 절 안에 있지만 절과는 사뭇 다른 건물구조를 지녔다. 왕궁의 축소판이다.

문간채, 중악단을 일직선상에 대칭으로 배치하고 둘레에는 담장을 둘렀다. 1.5미터 남짓 높다란 돌기단 위에 앞면 3칸, 옆면 3칸 크기의 지붕은 옆에서 보면 여덟 팔(八)자 모양을 한 팔작지붕이다. 지붕 처마를 받치는 공포는 다포 양식으로 조선 후기의 특징적인 수법이다. 각 지붕 위에는 각각 7개씩 조각상을 배치했다. 궁궐의 전각이나 도성의 문루에서 사용하던 기법 그대로다. 건물배치와 공간구성에 단묘(壇廟) 건축의 전형적인 격식과 기법을 엄격하게 적용했음을 보여준다. 중악단 내부 중앙 뒤쪽에 단을 설치하고 단 위에 나무상자를 두어 그 안에 계룡산 산신의 신위와 영정을 모셨다. 왕권의 보신에 대한 열망이 꽤 이물스러운 건물을 절 안에 들여앉힌 셈이다. 하긴 살벌한 숭유억불 체제 속에서 '부정 탄다'며 절을 폐사하지 않은 것만도 다행이다.

  태조가 착수해 9대 임금 성종 대에서야 편찬 시행된 조선의 국법 『경국대전』은 성리학적 질서의 완성이었고 위정자들은 그 법을 가차 없이 실현했다. 새로 짜여진 법적 권력의 지형도 위에서 남성과 유교는 살판이 났고, 여성과 불교는 최소한의 지위마저 박탈당했다.『경국대전』은 남자만이 집안의 제사를 주재할 수 있다고 선을 그었다. 이후 적장자 중심의 제사상속 관행이 일반화되면서 딸은 제사와 재산분배에서 제외되는 현상이 일어난다. 재혼한 여성의 자손은 벼슬길이 원천적으로 막혔다. 여성과 더불어 비주류의 양대 산맥이었던 불교는 사회악으로 간주됐다.『경국대전』은 사찰에 다녀온 부녀자들에게 곤장 100대를 치도록 명시했다. 국가 이데올로기는 불교에 대해 초법적인 행위도 서슴지 않았다.『경국대전』도승조(度僧條)는 3년에 한 번씩 승과고시를 통해 30인의 승려를 선발하도록 규정했지만, 중종 조부터 승과고시가 실시되지 않았다. 유생들은 불교 말살을 목표로 죽도록 상소를 올렸고, 연산군은 비구의 결혼을 강요하고 비구니는 몸종으로 삼을 것을 권장했다. 불교 복권을 시도한 문정왕후와 허응당 보우 스님은 기어이 악녀와 요승으로 치부된 채 생을 마감했다. 사찰 토지 몰수, 승려 축출, 출가 금지는 당대 가장 위대한 개혁 가운데 하나로 상찬됐다. 조선 중기는 멸불과 함께 시작됐다.

   산 속으로 쫓긴 불교는 민간신앙과 결속해 근근이 연명했다. 산중 여기저기에 숨은 자잘한 신들과 손을 잡고, 살기 위해 몸부림치는 민중과 소통했다. 사찰 안의 칠성각과 산신각은 이때부터 번성했다. 조선의 공권력이 특별히 신경 쓴 것은 음사(淫祀)의 금지였다. 국가는 여성이 절에서 산신에게 기도하는 일을 음란하다고 취급했다. 아낙들은 귀천을 막론하고 나라와 임금의 안녕이 아니라 제 몸의 건강과 득남을 빌었다. 스스로도 이기지 못할 만큼 거대한 윤리로 무장한 주류의 관점에서 보면, 사적이고 경박한 혹은 사적이어서 경박하다고 여겨지는 여성의 신앙은 죄라 할 만하다. 이러한 이유 탓에 산신각에 해당하는 중악단도 퇴출 위기를 당한 적이 있다. 효종 2년(1651) 미신 타파를 명목으로 철거되기도 했다. 쓰러진 신전을 다시 세운 인물은 명성왕후였다(1879년).

신원사는 나머지 전각은 걸어 잠그더라도 중악단만은 24시간 개방하고 있다. 새벽에도 중악단을 찾는 참배객들을 위한 배려다. 매월 음력 16일 산신제를 지낸다. 계룡산 산신의 생일로 암묵적으로 정해진 음력 3월 16일엔 공주시의 지원을 받아 대대적인 '생신잔치'를 연다. 불교식, 유교식, 무속식 제례를 한꺼번에 볼 수 있다. 계룡산 천황봉, 쌀개봉, 관음봉, 문필봉, 연천봉으로 이어지는 길지(吉地)의 끄트머리를 찍고 선 중악단은, 특히 출세에 영험이 좋은 것으로 명성이 자자하다. 이성계는 국조 이전에 쿠데타에 성공한 군인이었다. 중악단은 그의 대망이 예언되고 임재한 공간이다. 곧 진급을 꿈꾸는 고급 장교들은 한번쯤 귀가 솔깃할 만한 인과관계다. 인사 시즌인 10월과 11월엔 더욱 발길이 잦다. 달 전에도 소장(小將) 두 명이 중악단에 인사를 드리고 간 뒤 동시에 별을 하나 더 달았다는 풍문이다. 누구나 미신을 부정하지만 미신으로부터 자유롭기는 힘들다. 불확실한 미래와 확실한 죽음에 육신이 매여 있는 한 어쩔 수 없다. 역사적으로 가장 생명력이 강했던 이데올로기는 '개똥밭에 굴러도 이승이 낫다' 는 처세론이었다. 그 비루하고 치사한 정신 상태를 기꺼이 껴안은 종교는 시대의 호황과 불황에 관계없이 살아남았다. 최소한 명맥은 유지했다. 그렇지 않았던 종교는 강퍅한 체제와 함께 막을 내렸다. 종교도 결국 탈 많은 인간의 발명품이고 민심에 종속되기 때문이다.

태조의 권속들은 흩어지고 호주제마저 폐지됐다. 유생들의 이상이 백지화된 자리에 지금은 사찰과 교회가 경쟁을 벌이며 곳곳에 들어서는 상황이다. 혹자들은 유교가 급격하게 몰락한 까닭을 민중들에게 내세에 대한 희망을 부여하지 못했던 탓이라고 지적한다. 기독

중악단 대문으로 검은 동복 차림을 한 수녀가 들어갔다. 푸근한 색감이 보기 좋았다.

교는 사후(死後) 낙원에 대한 환상의 극대화로 교세 확장을 이뤘다. 불교는 무아(無我)라는 까다로운 교리를 지녔지만, 인간의 칠정(七情)에 인색하지 않았고 윤회에 대한 사사로운 기대에 숨통을 틔워줬다. 내세는 삶의 연장이고 인생역전을 기약할 수 있는 마지막 마지노선이다. 행복해지고 싶다는 동물적 본능을 배반하면 어떤 종교와 이념, 인문도 살아남기 어렵다. 부처님의 눈으로 세상을 보는 게 원칙이다. 그러나 세상의 눈으로 부처님을 봐야 할 경우도 있다. 그래야만 중생을 부처님 눈 닿는 곳에라도 붙들어 놓을 수 있으니.

중악단 대문으로 검은 동복 차림을 한 수녀가 들어갔다. 왜 들어갔는지는 모른다. 다만 푸근한 색감은 보기 좋았다.

영월
법흥사의
만다라

삶의 길에 관한
'반면교사'

"만나는 게 늦었군. 오랫동안 목이 빠져라 기다렸다." 그때 대사는 문득 눈앞의 물병을 가리키며 말했다. "병이 병이 아닐 때는 어찌합니까." "네 이름이 뭐냐." "절중입니다." "절중이 아닐 때 너는 누구냐." "절중이 아닐 때는 이렇게 묻는 사람도 없을 것입니다." "이름 아래에 헛된 일이 없다더니, 절중은 어찌하지 못하겠군. 사람을 여럿 보아왔다만 너 같은 사람은 흔치 않았다."

'징효 대사 보인지탑 명문'의 한 구절이다.

법흥사는 대표적인 선찰(禪刹)이었다. 중국 당나라 남전보원 선사의 법을 이어받은 절중 스님(折中, 826~900)이 이곳에 흥녕선원을 열었다. 구산선문(九山禪門) 가운데 하나인 사자산문의 개창이다. 서기 821년부터 932년까지 선종을 표방하는 아홉 곳의 사찰이 전국 각지에 세워졌다. 구산선문은 우리나라 선의 출발을 알렸고 법흥사는 역사적 사건의 중심으로 참여했다. 지금이야 부처님 진신사리를 모신 적멸보궁으로 훨씬 더 유명하지만 애초엔 그랬다. 1997년 주지로 부임한 도완 스님이 참선도량 회복을 위한 중창불사에 매진하고 있다. 4년 전에도 법흥사를 다녀갔었다. 몰라보게 몸집이 불었다. 거듭된 전란과 화재로 뼈대만 남았던 사격에 전각이 하나둘 들어서면서, 사찰의 종교적 기능 역시 기복에서 수행으로 빠르게 전환되는 중이다.

구산선문은 다음과 같다. 강원도 영월의 사자산문(獅子山門)을 비롯해 전북 남원의 실상산문(實相山門), 전남 장흥의 가지산문(迦智山門), 곡성의 동리산문(桐裡山門), 강원 강릉의 사굴산문(闍堀山門), 충남 보령의 성주산문(聖住山門), 경북 문경의 희양산문(曦陽山門), 경남 창원의 봉림산문(鳳林山門), 황해도 해주의 수미산문(須彌山門). 지역은 제각각이지만 당시 신라의 수도 경주와 상당한 거리를 두고 있었음을 알 수 있다. 당

나라에 유학해 대륙에서 유행하던 신사상인 선(禪)을 익히고 귀국한 신진 엘리트 승려들은, 중앙의 권력이 미치지 않는 곳에 거점을 잡았다.

　사자산문의 개창자인 절중 스님은 흥녕선원에 머무르지 않고 이 곳 저 곳 만행하며 주위의 여러 산문과 교유를 맺었다. 거침없는 남행은 무주에까지 이르기도 했다. 다시 올라와 강화도에 적을 둘 때 왕은 그에게 국사(國師)를 제의했으나 거절했다. 무늬만 남은 왕조에 섣부르게 가담했다가 훗날 책을 잡히느니, 국가 못지않은 병력과 재산을 확보한 지방호족 세력과의 다양한 결합이 보다 안전할 것이란 판단 때문이다. 그는 최종적으로 왕건을 택했다. 신라의 멸망과 고려의 통일이라는 격변의 틈에서 슬기롭게 대처한 셈이다. 정당이 됐든 국가가 됐든 문명이 됐든 새로운 세계를 열려면 돈과 사람 그리고 명분이 필요하다. 무엇보다 명분이 민심을 움직이는 데 결정적이다. 경전을 일일이 읽지 않아도 마음의 본질만 간파하면 그 자리에서 부처가 된다는 선종의 종지는, 까막눈인 대다수의 민중을 그리 힘들이지

지금은 부처님 진신사리를 모신
적멸보궁으로 유명하지만
법흥사는 우리나라 선(禪)의
출발을 알렸던 구산선문 중
하나다.

않고 절 안으로 불러들였다. 범접할 수 없을 만큼 방대한 지식과 조직으로 무장한 교학불교는 이미 매력을 잃은 상태였다. 대중성의 측면에서, 닫힌 논리는 열린 마음의 상대가 되지 않는다는 생각.

　사정이 이러하니 절 한편에 봉안된 만다라는 좀 애매한 감이 있다. 법흥사의 만다라는 2004년 4월 티베트 스님들을 초청해 만다라 점안법회를 봉행하면서 받은 것이다. 그야말로 특별한 손님이 준 특별한 선물일 뿐 국제교류 이상의 의의는 없어 보인다. 선종의 전통에서도 벗어나 있고, 법흥사의 역사와도 상관관계가 없다. 산스크리트로 '본질(manda)을 소유한다(la)'는 뜻을 지닌 만다라는 불법을 도형화했다. 우주의 진리를 표현한 그림이다. 기본 골격은 원과 사각형이다. 중심의 내원에는 밀교의 주존인 대일여래(大日如來)를 위시한 네 부처와 네 보살을 배치했다. 바탕을 대각선으로 구획해 각 방위에 해당하는 색을 칠했다. 바깥 원에는 청, 적, 흑, 백, 황의 다섯 색으로 타오르는 화염을 묘사했다. 이것은 다섯 부처의 신체를 상징하는 신성한 색으로 외부의 적을 막는 역할을 한다고, 설정됐다. 전문적 지식이 없다 해도, 모래를 일정한 체계에 따라 세밀하게 붙여서 만든 정성엔 누구나 감복할 만하다. 만만찮은 인내와 끈기가 요구되는 작업이어서 정신병리학 분야에서 그림치료의 방편으로도 활용된다. 만다라 명상법은 점과 선, 면으로 이뤄진 2차원의 도형에서 4차원 우주공간에 실재하는 신들의 형상을 마음속에 표상해내는 것이 핵심이다. 궁극적인 목표는 이를 통해 자기가 신이 되는 것이다. 밀교(密敎)에서 말하는 깨달음의 길이다.

밀교는 인도불교의 마지막 변종이다. 진리는 언어로 나타낼 수 없다는 취지로 밀교라는 명칭이 붙었다. 반면 일반적인 종파들은 현교(顯敎)라고 내외하며 차별성을 부각시켰다. 밀교는 대승불교의 토대 위에, 민중 사이에 퍼진 주술과 신비주의적 의식을 수용해 발생했다. 무려 700년간 성행하다가 이슬람의 침입과 득세로 13세기 초 인도에서 자취를 감췄다. 밀교의 멸망을 끝으로 인도불교사도 종식됐다. 오늘날 인도에서 교단이나 스님, 사찰처럼 불교의 독자적인 원형은 찾아보기 힘들다. 부처님 또한 힌두교의 수많은 신 가운데 한 명으로 도태됐다. 그러나 티베트와 네팔 등 대륙의 변두리로 전파된 밀교는 살아남았다. 국내에서도 토착신앙과 결합해 명맥을 이었다. 능엄주와 같은 주력신앙에서 흔적을 짚어볼 순 있다. 물론 밀교라는 간판을 내걸고 한국불교사에 주류로 진입한 적은 한 번도 없다. 외려 남녀 간의 성애로 도를 깨친다는 망측한 수행법으로 오해되곤 한다. 대중음악인을 낮추어 부르는 '딴따라'의 어원인 '탄트라'는 밀교 내에서도 이단시되는 외도다. 좌도(左道) 탄트라 수행은 성교 행위와 흡사하다.

어쩌면 스스로의 위상을 말로써 적극적으로 홍보하거나 해명하지 않는 버릇에서, 불운하게 비롯된 과보라는 생각. 주문을 외워서 극락에 갈 순 있겠지만 법정에서 이길 순 없다. 선이나 밀교나 언어를 부

선은 마음을 깨부숴야 진짜라고
가르친다. 없음으로 있음을
증명한다.

정한다는 점에선 상통한다. 밀교는 부처님 말씀의 문자적 의미보다 경전을 외우는 음성 자체의 영성에 무게를 둔다. 번쇄하기까지 한 만다라의 현란한 문양에서 보듯 언어의 무화는 이미지의 범람을 촉발했다. 함부로 입에 담을 수 없는 절대적 신성을 향한 존경심의 과잉이었다.

밀교의 쇠망은 엄밀히 이야기하면 힌두교와의 합일이다. 인도의 전통종교인 브라만의 의례와 주술을 통째로 흡수했다. 모든 토속신들도 불교의 세계로 들어와 불, 보살, 명왕(明王), 제석천(帝釋天), 범천(梵天), 팔부신중(八部神衆) 등으로 환생했다. 이후 브라만이 힌두이즘으로 부흥하면서 불교는 점점 힌두화됐고 종국엔 본질적으로 구분할 수 없는 지경에 이르렀다. 자타를 구별하지 못하는 밀교는 '있지만 없는' 존재로 전락한 것이다. 아울러 민중에게 친근하게 다가가고 싶다는 선의는 기복과 미신에 속수무책이었다. 화를 면하고 복을 바라는 인간의 본능에게, 절대자의 이름은 예수든 부처든 알라든 상관이 없다. 반면 선은 언어에 대한 부정마저 부정한다. 끊임없는 변혁과 탈주가 선의 진면목이다. 마음의 때를 말끔하게 닦아 없애는 것이 아니라 마음을 깨부숴야 진짜라고 가르친다. 없음으로 있음을 증명한다. 만다라는 어떻게 살아야 하는지를 무언으로 일러주는 반면교사였다. 적멸보궁에 힘들게 오르더라도 산길은 여지없이 계속된다.

공주
갑사의
불쭉걸

발 냄새만 한
수행의 향기가
어디 있겠는가

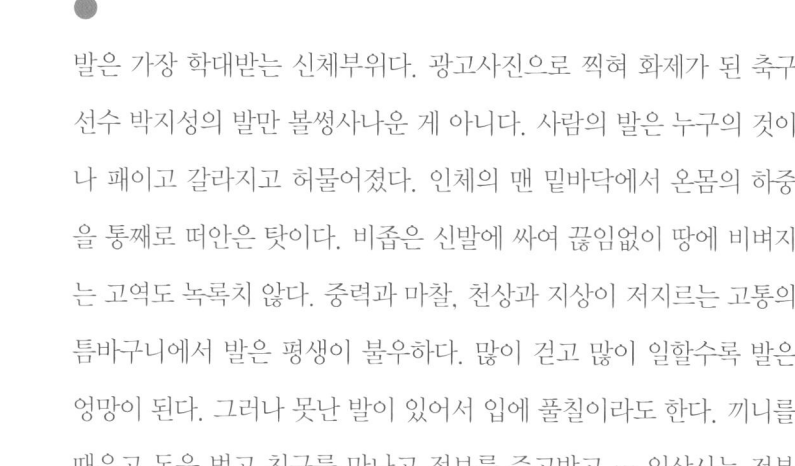

　발은 가장 학대받는 신체부위다. 광고사진으로 찍혀 화제가 된 축구 선수 박지성의 발만 볼썽사나운 게 아니다. 사람의 발은 누구의 것이나 패이고 갈라지고 허물어졌다. 인체의 맨 밑바닥에서 온몸의 하중을 통째로 떠안은 탓이다. 비좁은 신발에 싸여 끊임없이 땅에 비벼지는 고역도 녹록치 않다. 중력과 마찰, 천상과 지상이 저지르는 고통의 틈바구니에서 발은 평생이 불우하다. 많이 걷고 많이 일할수록 발은 엉망이 된다. 그러나 못난 발이 있어서 입에 풀칠이라도 한다. 끼니를 때우고 돈을 벌고 친구를 만나고 정보를 주고받고 … 일상사는 전부 손과 입이 주도하는 것 같지만, 실은 발의 힘듦과 아픔이 선행돼야 가능한 결실이다.

　　부처님 역시 이 쓸모있는 흉물에 힘입어 인도 전역에 불교를 전파했다. 최초의 전법은 깨달음을 이룬 보드가야에서 다섯 명의 비구를 교화한 바라나시까지 걸었던 200킬로미터다. 발걸음마다 제자를 거두고 말씀을 남기며 교단을 세웠다. 결국 당신의 멍들고 부르튼 발이 없었다면 팔만대장경도 존재할 수 없었다. 불제자들은 부처님이 살아있을 당시 그분의 발을 씻기는 일을, 최상의 예경이자 영광으로 여겼다.

　　부처님이 열반한 후 오랜 기간 불상이 조성되지 않았다. 부처님은 입멸(入滅)을 통해 육신을 버리고 아무런 형태도 남기지 않는 절대 공허로 승화했다. 교도들은 설령 예배를 위해서라도 교주의 몸을 형상화하는 일은 모독이라고 믿었다. 아무리 깨닫고 도통했다 쳐도 끊임없이 먹이고 자주고 싸줘야 하는 몸뚱이를 달고 사는 한, 죽을 때까지 앓아야 하고 싸워야 하고 견뎌야 한다. 육신이 있는 한 삶은 욕되다.

결국 불상은 궁극의 질곡마저 벗어던진 부처님에게 다시 멍에를 씌우는 '훼불'이었던 셈이다. 불상이 본격적으로 나타나기 전 대중이 모신 성물(聖物)은 부처님의 발자국 곧 불족적(佛足跡)이었다. 불족적은 부처님의 숭고함을 상징하는 매개다. 성현들의 업적을 조사할 때 '발자취를 좇는다'는 표현을 쓰는 것과 동일한 맥락이다. 인도의 꼴카타 박물관, 파키스탄 라호르 박물관에 소장된 불족적이 세계적으로 유명하다. 『관불삼매해경』 권1과 권6은 "불족적을 보고 존경하고 기뻐하면 한량없는 죄업이 소멸된다"고 했다.

우리나라에선 공주 갑사(甲寺)가 불족적 목판을 갖고 있다. 검게 옻칠한 나무판에 부처님의 발바닥이 찍혔다. 갑사 이외에도 서울 봉은사, 양산 통도사, 전북대학교 박물관에 소장본이 있다고 전한다. 국내에도 무려 2500년 전을 살았던 성자의 흔적이 남아있다는 사실이 신기하다. 물론 불족적은 나라 안의 것이나 나라 밖의 것이나 실제 발자국이 아니라 추상적 조형물에 가깝다. 사람의 발이라기엔 작위적일 만큼 거대하고 평평하고 반듯하다. 땅에 새긴 진리에 존경을 표하기 위해 후대인들이 만든 선의의 위작(僞作)이라고 보는 게 걸맞다.

불족적은 부처님의 숭고함을 상징하는 매개다. 성현들의 업적을 조사할 때 발자취를 좇는다는 표현을 쓰는 것과 동일한 맥락이다.

갑사의 불족적은 보물 제582호인 『월인석보』 판목이 있는 보장각에 함께 봉안돼 있다. 절에서는 이것을 누가 언제 판각했는지 잘 알지 못했다. 세상의 가장 하판 혹은 음지에 위치한 발의 운명이 겹쳐 꽤 쓸쓸했다. 하지만 보존 상태는 매우 양호한 편이다. 최근에 만들었다고 해도 넙죽 믿을 만큼 선명하고 깨끗하다. 세로 1미터 남짓의 목판에 양발에 걸쳐 '釋迦如來遺蹟圖(석가여래유적도)'라는 제목이 쓰였다. 그 아래로 조각한 부처님의 발에는 천폭륜상, 보검, 물고기, 연꽃 무늬 등이 세밀하게 새겨져 있다. 천폭륜상(千輻輪相)이란 부처님의 발바닥에 있는 천개의 바퀴살 모양의 인문(印紋)으로, 모든 이치를 꿰뚫고 주관할 수 있음을 말한다. 엄지발가락엔 연꽃 문양이 나머지 네 발가락에는 만(卍)자가 두드러진다.

한자 '갑(甲)'은 거북이의 등껍질을 본뜬 상형문자다. 새싹이 싹트면서 아직 씨앗의 껍질을 뒤집어쓰고 있는 모양이라는 설도 있다. 무엇이 정답이든 단단하고 옹골찬 느낌이다. 십간(十干)이나 계약서 상에서 갑과 을의 관계에서 보듯 '첫째가는, 우월한'이란 어의를 갖는다. 계룡산의 서쪽을 지키는 갑사도 최고의 절이란 취지에서 그런 이름이 붙었다. 갑사는 서기 420년 창건됐다. 통일신라시대에 조성된 보물 제256호 철(鐵) 당간이 갑사의 장구한 역사를 증언한다.

철제 솟대는 지름 50센티의 철통 스물네 개를 이어 올렸다. 1893년 벼락을 맞아 철통 네 개가 부서지면서 조금 낮아졌지만, 여전히 15미터의 까마득한 높이를 자랑한다. 사찰에 행사가 있을 때 절 입구에 마귀를 쫓기 위한 당(幢)이라는 깃발을 달아두는데, 이 깃발을 달아두는 장대를 당간(幢竿)이라 한다. 당간을 지탱하는 돌덩이는 지주(支柱). 계룡산의 정기를 수호하는 산신에게 발이 있다면 아마 이렇게 생겼을 것이다.

부처님은 발로도 가르쳤다. 부처님이 세 가지 상황에서 당신의 마음을 말없이 전했다는 삼처전심(三處傳心) 가운데 곽시쌍부(槨示雙趺). 아난과 가섭은 대표적인 부처님의 제자들이다. 부처님을 최측근에서 일생 동안 보좌했던 아난은 사(事)의 영역에서, 도저한 수행으로 부처님이 늘 눈여겨봤던 가섭은 이(理)의 영역에서 으뜸이었다. 곧 언젠가는 자웅을 겨뤄야 할 라이벌이었다. 외지에서 고행 중이던 가섭은 부처님의 임종을 지키지 못했다. 그가 돌아왔을 때 부처님의 법구는 이미 입관된 뒤였다. 아난은 법구를 친견하고 싶다는 가섭의 청을 거부했다. 가섭은 하는 수 없이, 다비를 위해 장작더미 위에 놓은 관 앞에 대고 통곡했다. 그때 별안간 관 속에서 부처님의 발꿈치가 튀어나왔다. 교단의 실권은 가섭에게 돌아갔다.

곽시쌍부는 영산회상거염화미소(靈山會上擧拈花微笑, 부처님이 대중 앞에서 꽃을 들어보이자 오직 가섭만이 그 뜻을 알고 웃어 보임), 다자탑전분반좌(多子塔前分半座, 부처님이 설법하던 중 늦게 도착한 가섭을 위해 자기가 앉아 있던 자리 절반을 가섭에게 양보해 앉게 함)에 이어 가섭이 후계자임을 암시한 결정판이다. 관에서 돌출한 발은 한없이 정치적인 발인 듯하지만 한없이 비정치적인 발이다. 변형되거나 조작될 수 있는 최소한의 언어적 의미도 남기지 않은 '날것' 그대로의 몸짓이기 때문이다. '그냥 그런 것'을 가지고 정치로 읽고 복심으로 해석하고 흑심으로 왜곡하는 건, 오로지 중생들의 꿍꿍이일 뿐이다. 선가(禪家)에서는 삼처전심을, 깨달음을 마음에서 마음으로 전한 이심전심(以心傳心)의 모범으로 친다. 가섭이 최고의 반석 위에 오른 까닭도 부처님이 진정으로 원했던 수행자였기 때문이다. 남에게 의지하고 말에 의지하면 허사라는 것. '바로' 깨치고 '발로' 깨쳐야 한다는 것.

시간이 지나면 썩고 무너지고 악취를 풍기는 것이 육체성의 본질이다. 인간의 연약한 피부를 고려하면 몸은 그 자체로도 위태롭다. 인류는 이러한 육체성을 극복하기 위해 맨발에 신발을 신었고 마차를 탔으며 자동차를 발명했다. 맨얼굴에 화장을 하고 맨몸에 최신 유행의 옷을 걸치는 행위도 비슷한 속셈의 소치다. 색(色)에 대한 욕망의 바닥에는 비루하고 허술한 육체성으로부터 벗어나고 싶다는 절박함이 자리한다. 가장 성스러운 만큼 가장 더러웠으리라 짐작되는 부처님의 발은, 그렇게 가리고 꾸민다고 해결될 문제가 아님을 넌지시 일러준 건 아닐는지. 그러니 발 냄새만 한 수행의 향기가 어디 있겠는가.

통일신라시대에 조성된 보물 제256호 철(鐵) 당간이 갑사의 장구한 역사를 증언한다. 철제 솟대는 지름 50센티의 철통 스물네 개를 이어 올렸다.

상주
남장사의
이별

그에게 인간은
재난과 같았다

●

두보(杜甫, 712~770)가 눈물의 시인이었다면 이백(李白, 701~762)은 냉소의 시인이었다. 말을 잘 다루기로 당대 으뜸이었던 두 사람은 각각 시성(詩聖)과 시선(詩仙)으로 달리 상찬된다. 동시대를 살았지만 시대에 대한 입장과 해법이 극명하게 갈렸기 때문이다. 안녹산과 사사명의 난이 연달아 일어나 당나라 사회가 뿌리째 흔들리는 누란의 상황이었다. 두보가 인간으로의 복귀를 부르짖은 반면 이백은 인간으로부터의 초월을 꿈꿨다. 두보가 나라의 장래를 걱정할 때 이백은 달빛만 쳐다보고 앉아 있었다. 두보는 세상을 사랑했지만 이백은 세상을 기대하지 않았다. 방탕하고 불손했다. 국가가 요구하는 인재상과는 거리가 멀었다. 물론 젊어서는 청운의 꿈이 있었다. 독서와 검술을 즐겼고 시속에 출사(出仕)에의 의지를 거침없이 드러냈다. 현종과 양귀비의 눈에 들어 궁궐에서 잠시 일했지만 주변의 험담으로 금방 쫓겨났다. 그의 말들은 세상을 꾸미는 데는 특출했지만 세상을 바꾸기엔 젬병이었다.

이백이 지은 고풍오십구수(古風五十九首)의 앞머리다. '태백산은 어찌나 푸르고 푸른지(太白何蒼蒼) 별들은 숲 위에 빽빽하게 늘어섰다(星辰森上列). 하늘과의 거리는 삼백리(去天三百里), 아득하도다 속세와의 절연이여(莫爾與世絶). 산 속에 있는 검은머리 노인(中有綠髮翁), 구름을 헤치고 소나무 그늘에 누워 있다(披雲臥松雪). 웃지도 않고 말하지도 않는다(不笑亦不語) ….' 이백의 시에 나타난 시적 자아는 '너희의 위선과 부패가 역겨워 홀로 떨어져 지낸다' 는 긍지로 똘똘 뭉쳤다. 입신(立身)은 꺾였고 그는 자연을 재기의 공간으로 택했다. 술을 벗했고 도교를 읽었다. 인간으로서의 권리와 의무로부터 멀어질수록 자폐와 치기는 눈이 부셨다. 그에게 인간은 재난과 같았다.

'주태백' … 강물 속의 달을 잡으려다 익사했다는 전설은, 구태여 사실이 아니어도 강력한 울림을 지녔다. 후대인들은 이백의 삶에서 시인으로서의 재주보다 신선으로서의 풍모에 더욱 매력을 느낀다. 시를 좋아하는 사람보다 술을 좋아하는 사람이 많은 법이니까. 마음대로 다니고 마음 놓고 즐긴 이백은 가정을 떠맨 죄로 이런저런 책임에 시달려야 하는 중년 남성들의 로망이다. 그러나 이백의 자유가 몰락의 대가였다는 사실은 쉽사리 망각한다.

상주 남장사(南長寺)는 경상북도 팔경(八景) 가운데 하나다. 서기 832년 진감 국사(眞鑑國師) 혜소(慧昭)가 창건해 장백사(長柏寺)라 이름 했다. 1186년 각원화상(覺圓和尙)이 지금의 터에 옮겨 짓고 이름도 남장사로 고쳤다. 신라 말 최치원(崔致遠)이 지은 쌍계사 진감 국사비에 따르면 '당(唐)나라에서 돌아온 국사가 상주 노악산 장백사에서 선(禪)을 가르치니 배우는 이가 구름처럼 모였다' 는 기록이 보인다. 상주의 명찰(名刹)은 모두 진감 국사의 작품이다.

희대의 풍운아를 절에서, 그것도 우리나라 절에서 만난다는 건 희귀한 경험이다. 상주 남장사 극락보전엔 이백이 고래를 타고 하늘로 오르는 그림이 걸려 있다. 전각의 왼쪽 내벽, 천장과 맞닿는 자리다. 제목은 이백기경상천도(李白騎鯨上天圖). 수묵담채화 형식이다. 가로는 1미터 남짓, 세로는 1미터에 못 미친다. 기마자세로 고래의 등

상주 남장사(南長寺)는 경상북도 팔경(八景) 가운데 하나.

위에 선 이백은 약간 찡그린 표정으로 전방을 응시하고 있다. 남루한 행색에 초췌한 얼굴이다. 발밑엔 그의 분신과도 같은 술병이 놓였다. 고래는 고래라기보다는 잉어에 가깝다. 필치가 자못 해학적이다. 고우영 만화를 보는 느낌이다. 남장사 극락보전은 조선 후기에 건축된 것으로 짐작된다. 그림을 그린 사람과 시간은 오리무중이다.

극락보전 오른쪽 내벽엔 적송자(赤松子)를 그린 회화가 걸려 있다. 적송자는 중국 선사시대 신농씨(神農氏)를 도와 비를 다스렸다는 신선이다. 각종 음식을 먹는 방법과 약초와 독초를 구분하는 방법을 일러주며 성세를 같이 도모했다. 적송자는 바위에 무언가를 쓰고 있으며, 동자 하나가 벼루를 받치고 옆에서 보좌하는 장면이 묘사됐다. 남장사의 적송자는 전형적인 중국 문신의 복장을 하고 있지만, 본래 적송자는 거지의 몰골이었다. 짚으로 된 거적을 걸치고 가죽치마를 둘러 입었다. 머리칼은 봉두난발이었고, 다리는 맨살을 드러냈다. 손톱은 날카로운 짐승의 발톱을 닮았고 온몸은 누런 털투성이였다. 손에는 버들가지를 들고 노래를 부르며 거리를 활보했다. 실성한 듯 혼자 중얼거리기도 하고 껑충껑충 뛰어다니기도 했다. 혹여 마주치면 민망할 광인이었지만 그를 그리워한 후대인들은 많았다. 한고조 유방을 보위하며 중국을 통일한 장량(張良)은 "인간사를 버리고, 적송자를 좇아 놀겠다"며 은퇴를 선언했다. 속세에서 더 이상 이룰 것이 없거나 이룰 힘이 없을 때마다 적송자는 흠모의 대상이 됐다. 이외에도 극락보전 내부는 여러 폭의 신선도로 가득하다. 잔뜩 주름지고 구부러진 도인들은 한가롭게 등을 긁으며 술잔을 기울이고 잡담을 나눈다. 그들의 늙음과 무능은 외로워 보이지 않았다.

극락보전 외벽에도 중국 고사와 관련된 그림이 새겨졌다. '하우도강도(夏禹渡江圖).' 하나라 우왕 일행이 물난리를 평정하기 위해 강을 건너는 모습으로 보인다. 우왕은 중국 하나라를 개국한 전설 속의 임금이다. 순(舜) 임금에게서 양위받기 전부터 그는 치수의 대가였다.

강바닥에 쌓인 흙을 제거하는 공사를 직접 감독하면서 13년 만에 황하의 홍수를 다스렸다. 치수는 정치의 기본이었다. 백성의 안락을 향한 그의 저돌성과 성실성은 두고두고 모범으로 회자됐다. 옛 명현(名賢)들을 소재로 삼은 고사인물화는 상고주의(尙古主義)의 산물이다. 화폭에는 현왕(賢王)이나 충신(忠臣)이 담겼고 지조를 지킨 은자가 주인공으로 나서기도 한다. 식자들은 그림을 그리고 보면서 처신의 지표로 삼았다. 주지하다시피 유자(儒者)들은 요순시대를 이상향으로 삼았다. 그들의 허다한 사상과 논설은 궁극적으로 요순의 성세로 돌아가야 한다는 요지로 귀결된다. 이 시대의 단적인 특징은 백성들이 임금의 이름조차 몰랐다는 것이다.

  전쟁이 없었고 공권력이 불필요했다. 사람 셋이 만나도 싸우지 않는 절대적 안정의 시대였다. 내 몫을 빼앗아 취해야 할 만큼 빈한하지도 야박하지도 않았다. 다시는 돌아올 수도 어쩌면 존재한 적이 없었던 세상이다. 어쩌면 인간이 인간으로 살면서는 도저히 불가능한 체제다. '내게 왜 푸른 산에 사느냐고 묻기에(問余何意棲碧山) 그저 웃을 뿐 대답하지 않으니 마음이 한가롭다(笑而不答心自閑). 복사꽃이 흐르는 물에 아득히 떠가니(桃花流水杳然去) 별천지요 인간세상이 아니라네(別有天地非人間). 이백, 산중문답(山中問答)' 사찰에 그려진 비불교적인 회화들은 유불선(儒佛仙) 삼교가 회통하는 한국의 사상적 전통을 시사한다. 그래서 절에 있어도 그다지 이물스럽지 않다. 사람이 돌아가야 할 적막을 미리 체험하게 해주는 절에서, 되돌릴 수 없는 평화를 생각한다.

안동
연미사의
제비원

새로 일어설 절집의 성주신
누가 영접할까

'집 떠나면 고생'이라는 격언은 동서고금을 막론하고 유효하다. 짐승들에게 귀소(歸巢)는 숙명이다. 발 달린 것들은 누구나 몸을 누일 공간을 원한다. 거기서 밥도 먹고 새끼도 치면서 나름의 행복을 일군다. 집을 거부당한 삶은 서럽다. 노숙자가 그렇고 이등병이 그렇다. 시험을 망친 아이가 그렇고 부부싸움에서 크게 패배한 남편이나 아내가 그렇다. 집은 몸의 확장이고 집을 먹여 살리는 일은 곧 나를 먹여 살리는 일이다. 인간은 스스로의 몸과 꿈을 지키고 가꾸기 위해 집을 구했다. 주로 나무로 만든 옛집들은 화마 앞에서 속수무책이었다. 빈번한 전란 역시 끝내 집을 잃고 말리란 불안감에 기름을 부었다. 결국 집에는 신(神)이 깃들어 있어야 했다.

성주는 집을 지키는 신령이다. 성조(成造) 혹은 상량신(上樑神)이라고도 한다. 집안의 으뜸가는 신으로 대들보에 붙어 한 가정의 길흉화복을 관리했다. 과거의 사람들은 집을 새로 짓거나 옮긴 뒤에 필히 성주를 모셨다. 으레 깨끗한 한지를 여러 겹으로 접은 뒤 그 속에 왕돈(둘레가 큰 엽전) 한 푼을 넣어 성주의 육신으로 삼았다. 항아리에 곡식을 넣어 받들기도 했다. 성주를 두는 장소는 집안의 중심이 되는 대청이나 안방 문 위쪽이었다. 성주신에 대한 제사는 대개 추석을 즈음한 10월 상순에 이뤄졌다. 백성들은 햅쌀로 술과 떡을 빚고 햇과일을 장만해 한 해 동안 살림과 피붙이를 지켜준 은덕에 보답했다.

안동에서 영주 방면 5번 국도로 3킬로미터 가량을 달리면 한티재에 이르고 제비원 휴게소가 나온다. 2킬로미터를 더 가면 오른편으로 이천동(泥川洞) 석불상이 보인다. 거대한 화강암 위에 부처님의 머리를 얹은 보물 제115호다. 암벽의 높이는 12.38미터이며 너비는 7.2미터다. 불두(佛頭)의 높이는 2.43미터 남짓. 크기에 상당한 차이가 있다. 아이스크림 위에 박힌 별사탕처럼 생경하다. 불상 자체만을 두고 감상하면 문화재적 가치는 하찮지 않은 편이다. 가로로 부드럽게 뻗은 눈매에 입술이 두텁고 미소가 은은하다. 안동 사람들은 대대로 '제비원 미륵불'이라고 불렀다. 아낙 하나가 바위 아래서 무릎을 꿇고 머리를 땅에 짓이기며 무언가를 빌고 있다. 손발도 없는 불상이 어떤 복을 내려줄 수 있을지.

제비원(院)은 나라에서 마련한 여관이었다. 전국을 떠도는 장사치들과 출장을 나온 벼슬아치들을 먹이고 재웠다. 제비원은 여관 이전에 사찰이었다. 신라 선덕여왕 3년(634) 명덕 스님이 연자루(燕子樓)라는 전각을 짓고 연구사(燕口寺)를 창건했다. 안동의 명물인 이천동 석불상도 이때 조성된 것으로 짐작된다. 말 그대로 모양이 제비를 닮았다는 연자루는 본래 불상을 보호하기 위한 전각이었다. 지금도 불두(佛頭)가 놓인 바위에는 주춧돌을 놓았던 홈이 선명하다.

불상이 위치한 산의 이름은 오도(五圖). 연자루는 석불상을 머리로 해서 뒤춤으로 오도산까지 덮은 아치형의 법당이었을 것으로 짐작된다. 사찰은 연(燕)자 돌림으로 몇 가지 이명을 낳았다. 누각의 전체적인 형태가 제비가 날아가는 모습을 띠었기 때문에 '연비사(燕飛寺)'라고도 일컬었다. 연구사는 석불상 위쪽의 전각이 제비의 부리에 해당한 까닭에 비롯된 이름이다. 오늘날은 연미사(燕尾寺)가 공식적인 명칭이다. 스님들이 거처하던 요사채가 제비의 꼬리를 닮았다는 데서 연유했다. 다음은 스승 류성룡(柳成龍)의 명을 따라 권기(權紀)가 작성한 안동의 대표적 향토지인 『영가지(永嘉誌)』「불우(佛宇)」조의 기록이다.

"연비원불사(燕飛院佛寺)는 부(府) 서북쪽 12리 떨어진 오도산(五圖山) 남쪽에 있다. 큰 돌을 세워 불상을 만들었는데 높이가 10여 장(丈)이다. 당(唐)나라 정관(貞觀) 8년에 만들었으며 여섯 칸의 누각으로 위를

이천동 석불당 뒤편에 있는 삼층석탑

덮었다. 집 모양이 하늘에 날개를 펴는 듯하다. 뒤에 두 차례에 걸쳐 중창을 하였는데 기둥과 대들보 등의 재목은 다 옛것을 사용했다."

부처님이 힘을 잃자 제비는 자리를 훌훌 털고 떠났다. 거룩한 사찰이 한낱 여관으로 전락한 이유는 조선의 숭유억불 정책에 따른 조치로 여겨진다. 폐사됐던 연구사는 안동 봉정사 신도모임이었던 등촉계(燈燭契)의 발의로 복원됐다. 그들은 절터에 세 채의 법당을 지어 지역불교의 불씨를 되살렸다. 1934년의 일이다. 석불상 뒤편에 흐드러진 소나무 숲의 틈새로 삼층석탑이 아른거린다. 오도산은 다섯 가지 사물이 얽혀 상서로운 풍광을 자아낸다는 뜻이다. 석불상과 연자루, 삼층석탑과 연미사 그리고 소나무. 지금은 불타 없어진 숭례문의

석불당이 위치한 오도산의 소나무숲은 민간 신앙 속 '성주신'의 근거지다.

목재도 여기서 가져다 썼다고 전한다.

성주신은 안동에서 왔다. 경상남도 지역에서 구전되는 무가(巫歌)인 '성주풀이'는 우리나라 집들의 기원을 소개하고 있다. '성주의 근본이 어데메냐 경상도 안동 땅의 제비원이 본이로다. 제비원의 솔씨를 받아 소평(小坪) 대평(大坪) 던졌더니 그 솔씨 점점 자라 대부동이 되었구나. 대부동이 점점 자라 청장목이 되고 황장목이 되고 도리기둥 되었구나.' 이 노래대로라면 민초들의 누옥도 임금의 구중궁궐도 결국은 동향(同鄕)인 셈이다.

성주풀이는 '술의 무서움'과 '아내의 중요성'에 대해 설파하고 있다. 서천국(西天國)의 천궁대왕(天宮大王)과 옥진부인(玉眞夫人)이 혼인해 살았다. 마흔이 넘도록 혈육이 생기지 않아 부처님께 치성을 드려 기어이 잉태했다. 옥동자를 낳았고 이름을 '성조'라 지었다. 15세가 된 성조는 옥황상제에게 요청해 솔씨 서 말 닷 되를 받아 지하궁(地下宮) 공산(空山)에 심었다. 3년 후 계화씨(桂花氏)의 여인과 결혼한 성조는 주색에 빠져 아내를 내치고 나랏일을 돌보지 않았다. 이에 노한 부왕은 성조를 황토섬으로 귀양보내버렸다. 객지에서 고생하던 성조는 자신의 고충을 혈서로 담아 아버지에게 보냈고 마침내 사면됐다. 왕궁으로 복귀한 성조는 아내에게 탕아로서의 행실을 사죄하고 용서를 받았다. 금슬은 재생됐고 성조 부부는 각각 다섯 명의 아들딸을 줄줄이 출산했다. 한편 공산에 심었던 솔씨는 온 백성의 집을 지어도 될 만큼 풍성하게 자라났다. 자신이 심은 소나무로 나라의 모든 가옥을 완성한 성조는 스스로 신이 됐다.

　　일제강점기에 새로 들어섰던 절집들은 죄다 철거된 상태다. 중흥불사가 한창이다. 올해가 다 가기 전에 번듯한 새 법당과 요사를 볼 수 있을 전망이다. 행적이 묘연한 성주신도 이때 기어이 돌아올 것이다. 하지만 집들의 왕을 영접할 자는 찾아볼 수 없을 것이다. 나무가 주택 건축의 부재(副材)로 위상이 깎인 지 오래다. 차라리 동네 공인중개사에게 집안의 흥망성쇠를 묻는 세상이다. 아무도 눈여겨보지 않는 신과 아무도 귀담아듣지 않는 이야기에 관심을 두는 건 불상뿐이다. 이천동 석불상의 시선은 서쪽을 향하고 있다. 가끔 구름이 끼고 비행기나 지나다니는 서방정토(西方淨土).

곡성 태안사의 능파각

삶의 무게가
이 정도라면
살 만할 것이라 생각했다

'춘향가'를 보면 암행어사가 된 이몽룡이 수하들을 이끌고 남원 관아를 기습하는 장면이 나온다. 변사또의 생일잔치에 초대된 곡성(谷城) 군수는 때아닌 난리에 정신 줄을 놓고 도망한다. 이 대목에서 그의 애끓는 심정을 희화화하기 위해 곡성(哭聲)이란 표현을 썼다. 울음소리를 뜻하는 '哭聲'은 그때 실제로 통용되던 곡성의 별명이다. 고려시대 전국의 장터를 전전하던 장돌뱅이들이 유독 교통이 불편했던 곡성을 탓하며 이렇게 바꿔 불렀다. 이후 곡성(穀城)이라고도 했는데 곡식이 많이 나는 고장이란 의미다. 얼핏 영예로운 이름이지만 실속은 없었다. 되레 국가가 조세만 과중하게 지울 빌미를 제공했다. 주민들의 원성에 지명은 현재의 곡성(谷城)으로 굳어졌다. 골짜기 마을이란 이름답게 물이 지천으로 흐르는 동네다. 54킬로미터에 이르는 섬진강과 보성강을 기반으로 자라났다. 두 줄기의 강이 합류하는 압록유원지는 맑은 수질과 넓은 백사장으로 유명하다. 1급수에서만 사는 은어와 참게, 쏘가리가 잡힌다. 압록유원지 위로 전라선 철교와 반월교가 가로지른다.

'다리(橋)'는 '다리(脚)'의 연장(延長)이다. 길짐승이 맨몸으로 건널 수 없는 길을 맨몸으로 건너게 해준다. 교량의 순우리말이 왜 다리가 됐는지 쉽게 이해가 간다. 다리는 강과 바다, 계곡과 절벽을 가로지르며 이곳과 저곳의 소통을 가로막는 악을 해소한다. 물론 악을 무사히 건너낸 세상에 반드시 선이 기다리고 있는 것은 아니다. 퐁네프의 다리는 사랑을 위한 다리였으나 콰이강의 다리는 침략을 위한 다리였다.

태어남과 죽음 사이에 삶이 있다. 인간은 왜 태어났는지 왜 죽어야 하는지 알지 못한 채 생(生)과 사(死)가 뱉어놓은 찌꺼기에만 반응

주지채로 쓰는 염화실에 앉으면 동리산이 한눈에 들어온다.

하고 연연한다. 뭍과 뭍을 연결할 때에도 거래를 틀 때에도 다리를 놔주는 사람이 필요하다. 부처님은 태어남과 죽음 사이에 다리를 놔준 분이다. 났으면 죽어야 하고 죽었으면 나야 한다는 위대한 체념은, 세상을 한결 수월하게 건너게 해준다. 극락교 해탈교 …. 산사에 다리가 많은 이유는 단지 물을 끼고 있다는 지리적 특성 때문만은 아니다.

태안사에도 다리가 많다. 속세에 대한 미련을 버리지 못했다면 돌아가라는 '귀래교(歸來橋)', 마음을 씻으라는 '정심교(淨心橋)', 깨달음을 얻으라는 '반야교(般若橋)', 깨달음을 얻었다면 모든 번뇌 망상을 벗어던지라는 '해탈교(解脫橋)'가 줄을 잇는다. 곧 다리 하나를 지날 때마다 한 번씩 마음을 비우란다. 태안사 계곡 위에 놓인 능파각(凌波

閣)은 절로 들어가는 마지막 다리다. 시도유형문화재(전남) 제82호다. 신라 문성왕 12년(850)에 혜철 스님(慧哲)이 만들었고, 고려 태조 24년(941) 광자 스님(廣慈)이 수리했다. 그 뒤 파손되었던 것을 조선 영조 43년(1767)에 복원했다. 6.25 사변 당시 일주문과 함께 유일하게 파괴되지 않은 전각이다. 다리를 건너는 방향에서 보았을 때 앞면 1칸, 옆면 3칸의 규모로 단출한 편이다. 지붕 옆면은 '사람 인(人)'자 모양으로 간결한 맞배지붕 형식이다. 계곡의 양쪽에 바위를 이용해 돌로 축대를 쌓고 그 위에 두 그루의 큰 통나무를 받쳐 건물을 세웠다. 지붕을 받치면서 장식을 겸하는 공포가 기둥 위에만 배치되는 주심포(柱心包) 양식이다. 위로 갈수록 좁아지는 민흘림기둥을 사용했다.

능파각은 교량이면서 정자다. 계곡을 건널 수도 즐길 수도 있는 공간이다. 청정한 도량으로 들어서는 최종 관문이었기에 이름 역시 가장 신성하고 정결한 무엇일 것이라 예상했다. '능파(凌波)'란 미인의 가볍고 우아한 걸음걸이를 일컫는다. 외려 다리들의 끝물엔 종교적 풍취가 말끔하게 탈색됐다. 어쩌면 깨달음의 결과를 가장 적확하게 드러낸 낱말일 것이다. 육조 혜능 선사는 "본래 한 물건도 없다(本來無一物)"고 했고 청허휴정 선사는 "바른 법을 구하겠다는 생각은 망상(求正法是邪)"이라고 했다. 그들에겐 이런저런 생각을 한꺼번에 놓아버린 자리가 바로 부처의 나라였다.

주지채로 쓰는 염화실에 앉으면 동리산이 한눈에 들어온다. 태안사는 신라 구산선문의 하나인 동리산문(桐裏山門)의 개창지다. 서기 839년 당나라 유학을 마치고 귀국한 체공혜철(體空慧哲, 785~861) 선사는 태안사에 여장을 풀었다. 문성왕이 정책 자문을 구할 만큼 위신이 높았던 고승이었다. 풍수지리학의 시조인 도선(道詵, 827~898) 국사의 스승이다. 절 안엔 스님을 기리는 부도가 지금껏 남아 있다. 보물 제273호인 대안사 적인선사조륜청정탑(大安寺寂忍禪師照輪淸淨塔)이다. 태안사(泰安寺)는 대안사로 불렸었다. 광자(廣慈)는 법신윤다(法信允多, 864~945) 선사의 시호다. 도선과 함께 혜철의 법을 계승한 '○여(○如, 정확한 법명은 알 수 없다)'의 제자였다. 고려 태조 왕건으로부터 참정(參政)을 권유받았으나 "도(道)는 몸 밖에 있지 않고 불(佛)은 마음속에 있다"며 고사했다. 태안사 부도밭엔 윤다의 부도도 스승의 것과 함께 놓여 있다.

　　조주석교(趙州石橋)의 일화는 다리를 통해 선(禪)이 나아갈 길을 보여준다. '문 : 오랫동안 돌다리를 그리워했습니다만 막상 와서 보니 그저 통나무다리만 보일 뿐입니다. 답 : 너는 다만 통나무다리를 보았을 뿐, 아직도 조주의 돌다리는 못 보았구나. 문 : 그 조주석교란 무엇입니까. 답 : 당나귀도 건네주고 말도 건네준다.' 조주종심(趙州從, 778~897) 스님은 당대 최고의 명안종사(明眼宗師)였다. 『벽암록』에 전하는 100개의 화두 중 12개가 선사의 것일 만큼 선종사에 상당한 영향을 끼쳤다. 평소 선사의 명성을 익히 들어 알던 학인 하나가 선사를 친견했다. 그러나 학인이 본 조주 선사는 볼품없는 노인의 행색에 불과했다. 결국 통나무다리에 빗대 은근히 선사를 조롱한 것이다. 학인의 불손한 공격에 조주 선사는 눈 한번 끔뻑이지 않았다. 오히려 자네는 통나무다리만 보았을 뿐 조주의 돌다리는 보지 못했다며 외양에만 집착하는 학인의 중생심을 타일렀다. 조주의 돌다리, 곧 당신의 진면목은 당나귀도 말도 건네준다는 데 있다. 일체 중생을 차별 없이 부처로 섬기며 그들을 행복한 삶으로 인도해주고 있다는 의미다.

　　조주의 행화(行化)는 으레 구순피선(口脣皮禪)으로 집약된다. 정곡을 찌르는 언사를 기리는 말이다. 당신은 역사상 가장 말을 잘 했던 선승이라 해도 과언이 아니다. 물론 장광설과는 전혀 다른 성격의 달변이었다. 천하를 쥐락펴락하는 데 필요한 문장은 한두 마디면 족했다. 지극히 경제적인 입담들은 불법이란 구구절절이 아는 게 아니라 순간순간 느끼는 것임을 가르치고 있다. 누군가 도에 대해 물으면 조주는 매우 쉽다고 했고(무난, 無難) 도를 향해 나아가면 도리어 어긋난다고 했다(문도, 問道). 잠자코 차나 마시거나(끽다, 喫茶) 밥그릇이나 닦으라고 했다(세발, 洗鉢). 5년이 넘도록 아직도 도에 대해 설명할 줄 모른다고 잡아뗐고(분소, 分疏) 심지어 부처님이 계신 곳에 머물지 말라고 경고했다(양화, 楊花). 『조주어록』에 나타나는 숱한 '무시'와 '금지'. 마음에 글자를 새기고 의미를 입히려는 모든 술수에 대한 거부다. 마음을 비우고 보면 따로 부처라 할 만한 것이 없다. 죄다 부처니까. 분별하지 않으면 선악(善惡)과 미추(美醜), 정사(正邪)와 우열(優劣)이 한통속으로 모여든다. 그들을 잡아가둘 때 만사형통하리라는 행복의 기술. 조주의 돌다리는 무수한 발길에 채이면서도 헛기침 한번 내는 법이 없다. 하늘이 무너져도 무심이요 저녁에 죽는다 해도 무심이란다.

　　'흙으로 만든 부처는 물을 건너지 못하고 금으로 만든 부처는 용광로를 건너지 못하고 나무로 만든 부처는 불을 건너지 못한다(泥佛不渡水 金佛不渡爐 木佛不渡火).' 조주 선사는 '마음 부처(心佛)'만이 현상적 장애로부터 자유롭다고 역설했다. 무애(無碍)를 즐기는 선지식에겐 불법(佛法)조차 구속이다. 깨달은 자는 깨달음에 연연하지 않는다. 오직 바람처럼 걸어갈 것. 물 위에 세운 집이자 지붕이 있는 다리에 슬며시 발을 얹어봤다. 별다른 기분은 들지 않는다. 그저 목재를 밟는 느낌이다. 다만 발밑이 미세하게 꺼지는 듯한 포근함이 있었다. 삶의 무게가 이 정도라면 살 만할 것이라 생각했다.

부안
개암사의
우금바위

암벽의 다부진 살갗에
인간의 역사를 섞으면
더러워진다

'높은 산 험한 바위는 지혜로운 사람이 머물만한 곳이며, 푸른 솔 깊은 골짜기는 수행하는 사람이 깃들만한 곳이다(高嶽峨巖 智人所居 碧松深谷 行者所棲).' 원효 대사가 저술한 「발심수행장(發心修行章)」의 한 대목이다. 도를 깨닫고 싶다면 산수(山水)가 성성한 곳으로 찾아가라는 주문이다. 모나고 뿔난 마음을 다독일 수 있는 청정과 고독이 숨쉬기 때문이다. 물론 청산유수는 어느 산사거나 품고 있기 마련인 풍광이다. 그래도 개암사에 유독 어울리는 글귀라는 생각이 드는 이유는 우금바위 때문이다. 능가산(楞伽山) 정상에서 은산철벽(銀山鐵壁)처럼 번쩍인다. 울금바위라고도 한다. 바위의 질감을 돋보이고 싶다면 우금을, 설움을 강조하고 싶다면 울금이라 부르는 게 맞다.

두 개의 바위가 우뚝 솟았는데 토막을 내 갈라놓은 것처럼 보인다. 그래서 절 이름이 개암(開巖)이다. 백제 무왕 35년(634) 묘련왕사(妙漣王師)에 의해 창건됐다. '우금'은 '임금 우(禑)'에 '쇠 금(金)'을 쓴다. 옛 사람들은 임금의 얼굴은 용안(龍顔), 입은 금문(金門)으로 높여 불렀다. 결국 바위는 왕의 입인 셈인데 멀리서 봐선 뜻을 실감할 수 없다. 소나무가 무성한 산길을 따라 30분 정도 오르면 바위의 정체가 드러난다. 커다란 구멍 두 개가 파였다. 하나는 집채만 하고 다른 하나는 창고만 하다. 창고만 한 구멍은 크기와 깊이 면에서 아무래도 열세다. '큰 것' 만이 역사에 발붙일 수 있었다. 집채만 한 구멍의 이름은 원효굴이다. 원효 대사가 나라를 잃어버린 백제 유민들에게 위로의 설법을 했다는 전설을 지녔다.

백제부흥운동 당시 저항군을 지휘했던 복신(福信)이 기거했다는 의미로 복신굴이라고도 한다. 부흥운동의 근거지였던 우금산성의 잔해라는 것이다. 산길엔 성벽의 일부였는지 아니면 자연적인 현상인

산길엔 성벽의 일부였는지 아니면 자연적인 현상인지 모를 돌무더기가 군데군데 흩어져 있다.

지 모를 돌무더기가 군데군데 흩어져 있다. 임금의 구강은 서늘했다. 전반적으로 어두웠지만 외부에서 들어오는 빛이 워낙 밝아 사물을 식별하는 데는 무리가 없었다. 바깥은 시시껄렁한 초목들뿐이었지만 CG 처리한 광고화면처럼 따스하고 신령스러웠다. 글을 쓰기에 적합한 채광과 온도, 거기다 환상까지 갖춘 셈이다. 「발심수행장」을 집필한 장소가 바로 이곳이었으리란 추측이 들게 하는 풍물이다. 누군가 자그마한 마애불을 가져다 놓고 기도를 올린 흔적이 있다. 글을 쓰건 소원을 빌건 여하튼 꿈꾸기에 좋은 공간이다. 절에서 나던 포클레인 소리가 두 배쯤 증폭돼 귓전에 꽂혔다. 왕의 입은 연신 밭은 가래를 길어 올리며 낑낑거렸다. 폭발에 뜯겨나간 듯한 밑동에 기대어 위태로운 균형을 유지한 우금바위는 운명의 현신 같았다. 예정된 패배를 가르치며 한껏 겁을 주는 모양새다. 한편으로는 시간을 좀 줄 테니 한 번 용을 써보라는 격려로도 읽혔다. 무엇보다 '어떤 선택을 하든 내 시선과 손아귀에서 벗어날 수 없다'는 운명의 거드름이 느껴져 불쾌했다.

개암사는 변산반도의 동쪽에 위치했다. 변산반도는 전라북도 서남부에 톱니바퀴처럼 튀어나온 땅이다. 북동쪽의 동진강에서 남서쪽의 반도해안 끝까지 90킬로미터의 길이로 늘어졌다. 동쪽은 김제시와 정읍시, 북쪽은 부안만, 남쪽은 곰소만, 서쪽은 황해에 접한다. 해안선을 따라 펼쳐진 지역을 외변산, 내륙지역을 내변산으로 나눈다. 넓이는 부안군의 면적과 거의 일치한다. 새만금 갈등. 바다는 억겁의 세월 동안 육지를 할퀸 대가로 적잖은 보상을 치렀다. 반도의 동부는 호남평야의 일부로 광활한 곡창지대를 형성했다. 서부는 노령산맥에서 분리된 산괴(山塊)인데 모래해안과 암석해안이 어울려 운치가 뛰어나다. 한강유역을 빼앗긴 백제는 여기를 발판으로 재기를 도모했다. 동진강을 따라가면 옛 수도였던 웅진성(공주)과 사비성(부여)을 만난다. 그러나 끝내는 이 물줄기가 백제의 숨통을 끊었다. 기벌포가 지금의 동진강변이라는 가설이 맞는다면 말이다.

전략의 기본은 적의 약점을 간파하는 것이다. 전술은 약점을 집요하게 물고 늘어지는 일이요 전투는 약점을 신속하게 제압하는 일이다. 서기 660년 나당연합군에 의해 백제가 멸망했다. 연합군은 6월 21일 덕물도(지금의 덕적도)에서 작전을 세운 후 7월 18일 사비성을 함락시키고 의자왕의 항복을 받았다. 채 한 달이 안 되는 기간이다. 13만이라는 병력의 숫자도 무시무시했지만 결정적인 승인(勝因)은 수륙양동 기습작전 덕분이다.

당나라군은 기벌포를 통한 물길로, 신라군은 탄현을 통한 물길로 협공을 벌였다. 육군과 수군이 동시에 덮치는 작전은 중국이 한반도를 침공할 때 빈번하게 사용하던 전략이다. 고대국가의 도성이 큰 강을 끼고 있다는 점을 노려 물길을 이용하면 단번에 왕의 면전에 칼끝을 겨눌 수 있었다. 이에 맞서 한민족이 택한 전략은 청야(淸野)작전. 지세가 험준한 산성에 주눅하면서 적의 군량 보급이 끊기고 사기가 저하될 때를 기다렸다. 결국 시간 싸움이었다. 백제의 입장에서 기벌포와 탄현은 생사를 좌지우지하는 관문과 같았다. '당병은 백강을 넘지 못하게 하고 신라군은 탄현을 넘지 못하게 하라.' 좌평이었던 성충과 흥수의 충언이 기가 막히게 일치하는 까닭이기도 하다. 항간에는 무자비한 데다 무능하기까지 한 폭군 의자왕이 충신들의 간언을 묵살해 순식간에 무너졌다고 비아냥거린다. 하지만 즉위하자마자 신라의 40개 성을 함락시킨 '해동증자(海東曾子)'가 그렇게 멍청하게 당했을까. 철저한 준비와 보안, 기동력의 승리랄 밖에 설명할 길이 없다.

국가는 육체와 달라 수도(首都)라는 심장이 멎어도 나머지 장기들은 꽤 오랜 시간 생명을 연장할 수 있다. 사비성의 괴멸로 백제라는 왕조는 사라졌지만 국가까지 쓰러진 건 아니었다. 백제부흥운동은 멸망 이후 4년간이나 이어졌다. 나당연합군 총사령관이었던 소정방(蘇定方)의 주력부대가 8월말 사비성에서 철수하면서 유신(遺臣)들은 전열을 가다듬고 국통을 회복했다. 의자왕의 종형제였던 복신(福信)과 도침(道琛) 스님이 앞장서 정규군과 승병을 규합했다. 일본에 체류하던 왕자 부여풍(扶餘豊)을 귀국시켜 왕으로 옹립하고 주류성으로 군사를 불러 모았다. 사비성 탈환을 두고 일진일퇴의 공방이 계속됐다. 전세는 연합군에 원병이 충원되면서 불리해졌다가, 임존성(지금의 예산)의 흑치상지(黑齒常之) 장군이 합세하면서 뒤집어졌다. 3만여 명의 병력으로 200

원효굴은 원효대사가 나라를 잃어버린 백제 유민들에게 위로의 설법을 했다는 전설을 지녔다.

여 개의 성을 되찾았다. 한때 당군을 사비성에 고립시켜 오줌을 받아 먹게 할 만큼 비참한 상황까지 내몰았지만 승전보는 그게 끝이었다.

전쟁이 길어지면 적군들만 지치는 게 아니다. 장기전의 최대 적은 내분이었다. 조국을 되찾아야 한다는 명분은 시간이 지나면서 부패했다. 누가 우리들의 '짱'이냐는 자리싸움이 명분을 대신했다. 복신은 도침을 죽였고 풍은 복신을 죽였다. 이전투구에 질색해 당으로 투항한 흑치상지는 결국 제 손으로 부흥군을 처단하는 아이러니의 주인공이 됐다. '비록 재주와 지혜가 있으나 세속의 마을에 거처하는 자는 모든 부처님이 그 사람 때문에 슬퍼하거나 근심하게 된다(誰有才智 居邑家者 諸佛是人 生悲憂心).' 앞서 소개한 「발심수행장」의 다음 대목이다. 암벽의 다부진 살갗에 인간의 역사를 섞으면 더러워진다. 피와 고름, 땀과 눈물, 말과 대의, 뜻과 명분은 서로를 아무리 닦아줘도 더 엉망만 될 뿐이다.

| 양평
| 사나사의
| **부도**

단순하고 초라하며,
서글프고 정직하다

> 분명하고 쓸쓸하며 산뜻하고 텅 비었다.
> 과거의 부처도 이렇게 살았고 현재의 부처도 이렇게 살며
> 미래의 부처도 이렇게 살 것이다.
> 내가 이렇게 들먹이는 것도 이미 잠꼬대인데,
> 대중은 무엇 때문에 그 자리에서 조는가.
>
> 白寂寂 靑寥寥 赤條條 空索索 過去諸佛 已當如是住 現在諸佛
> 今當如是住 未來諸佛 亦當如是住 利雄伊憑唱 已是寂語 大衆因甚立地瞌睡
> 『태고록(太古錄)』

용문산의 겨울숲은 명명백백하게 죽어 있었다. 천명은 지상에서 자신의 전 재산을 수거해 갔다. 뺨을 툭툭 때리고 가는 바람은 한 마디의 조롱 같다. 너희들이 아무리 기고 날아도 결국엔 이렇게 되고 말리라는. 겨울은 늘 그랬다. 과거에도 현재에도 미래에도 특혜와는 무관하다. 야속한 겨울을 두고 이러쿵저러쿵 헐뜯는 것은 잠꼬대에 지나지 않는다. 구세주가 재림한다 해도 중지되지 않을 자연이니까. 옷을 끼워 입고 보일러를 점검하는 일은 혀를 필요로 하지 않는다. 어제 그랬고 오늘 그러고 내일 그럴 것처럼 그냥 묵묵히 견디란다. 목 놓아 운다고 겨울이 사과할 것 아니고, 자살한다고 끊어질 삶이 아니니까. 봄이 오면 다시 시작될 것이니 잠깐만 참으란다. 삶도 고통도 희망도 봇물처럼 터질 것이니.

『태고록』은 태고보우(太古普愚, 1301~1382) 선사의 문집이다. 스님은 고려 공민왕의 스승이었다. 중국 호주(胡州)의 석옥청공(石屋淸珙)에게서 인가를 받고 해동 임제종의 시조가 됐다. 입적한 이듬해 다비를 하니 셀 수 없이 많은 사리가 나왔다. 공민왕의 아들 우왕은 원증(圓證)이라는 시호를 하사했다. 제자 달심(達心)이 사리를 모아 부도를 세웠다. 사나사

원증국사탑으로 경기유형문화재 제72호다. 사나사는 당신이 말년에 머물렀던 곳이다. 신라 경명왕 7년(923) 대경 대사가 지은 절이다. 본래 비로자나불을 봉안해 사나(舍那)라고 명명했다고 전한다. 불상은 1907년 의병이 일어나면서 없어졌다. 오늘날 사찰을 대표하는 성보는 스님의 부도다. 그리고 행적을 담은 석종비. 전체적으로 마멸이 심한 돌비석 왼편에 구멍이 뚫렸다. 제법 커다란 틈새로 빛이 새어나온다. 사람의 몸통으로 치면 심장이 박힌 자리다. 빛은 희미하게나마 보이는 글자를 완전히 삼켜버렸다. 진정 마음을 알고 싶다면, 그 입 다물라.

    부도(浮屠)는 스님들의 무덤이다. 예로부터 고승이 입적하면 사리나 유골을 묻고 부도를 세웠다. 붓다(Buddha)에서 이름을 따왔다. 곧 여기 묻힌 사람이 부처님과 같이 깨달았음을 천명하는 표식이다. 불탑과는 달리 형태가 단순한 편이다. 사나사의 부도는 화강암으로 만들었다. 둥근 몸통에 꼭지가 봉긋 솟아오른 석종형(石鍾形)이다. 4각 기단 위에 탑신(塔身)과 탑정(塔頂)을 얹었다. 성인의 가슴 높이에 약간 못 미치는 탑신은 표면에 아무런 조각이 없다. 다만 600년 넘게 자랐을 이끼가 전신을 뒤덮었다. 아무도 귀하게 여기지 않는 생명이 아무도 돌아봐주지 않는 죽음을 보듬고 있었다. 물론 부도를 온통 장엄한 이끼는 자기 먹고 살자는 몸부림에 지나지 않는다. 어쨌든 쓸만한 이기주의다. 자리이타(自利利他). 나 좋자고 하는 일인데 결과적으로 남에게도 이득이 된다는 것. 벙어리인 이끼가 엄청난 묘법(妙法)을 가르치고 있었다.

    스님이 중국의 법통을 계승할 수 있었던 이유는 〈태고암가(太古庵歌)〉 덕분이다. 북한산 중흥사 한쪽에 암자를 짓고 5년 동안 살면서 얻은 깨달음을 읊은 게송이다. 영가 대사의 〈증도가(證道歌)〉에서 착안했다. 석옥 선사는 〈태고암가〉의 발문을 써주며 깨달음의 신표로 자신의 가사(袈裟)를 내줬다. "이 가사는 오늘의 것이지만 법은 영축산에

사나사를 중창했던 고려후기
태고보우 스님의 비이다.
고려 우왕 12년(1386)에
세워졌다.

서 흘러나와 지금에 이른 것이다. 지금 그것을 그대에게 전하노니 잘 보호하여 끊어지지 않게 하라.”〈태고암가〉는 청빈의 기쁨과 고독의 위력, 침묵의 효능에 관해 노래했다. “내가 사는 이 암자 나도 몰라라. 깊고 은밀하나 옹색하지 않구나. 천지를 모두 가두어 앞뒤가 없이 동서남북 어디에도 머물지 않네.” “구슬 누각, 옥 전각도 비길 바 아니고 소실(少室, 보리달마가 주석하던 소림사)의 풍모를 본받지도 않았는데 8만 4000개의 문을 부수니 저쪽 구름 밖에 청산이 푸르네.” “생각이 일기

사나사는 신라 경명왕 7년(923) 대경 대사가 지은 절이다. 본래 비로자나불을 봉안해 사나(舍那)라고 명명했다고 전한다.

전이라 해도 이미 그르쳤거니 게다가 입까지 연다면 어지러울 것이다. 봄비 가을 서리에 몇 해를 지났던가. 부질없는 일이었음을 오늘에야 알았네." 운운.

"봐라, 다들 똑같다. 지혜 있는 사람은 하나도 없구나. 그저 내가 두 조각 가죽을 여닫는 것을 보며 언어를 찾고 의중을 헤아린다(看總是一樣底 无一個有智慧 但見我開遮兩片皮 盡來簇着覓言語意度, 『경덕전등록』)." 어느 날 현사사비 선사(玄沙師備, 835~908)가 법문을 하기 위해 법좌에 올랐다. 그러나 선사는 아무 말도 하지 않았다. 침묵의 시간이 길어지자 대중들은 오늘은 설법을 하지 않는가 보다 여기고 하나둘 자리를 뜨기 시작했다. 선사는 이때다 싶어 벼락같이 외쳤다. '두 조각 가죽(兩片皮)'에 의지하는 너희들은 전부 멍청이다! 두 조각 가죽이란 입을 가리킨다. 시시한 입이 내뱉는 하찮은 말장난에 인생을 건다는 핀잔이다.

선사들은 말을 않거나 말을 부쉈다. 개구즉착(開口卽錯). 입을 열면 곧 어긋난다는 뜻이다. 말로 표현하는 순간 본래의 참모습과는 멀어진다는 경고다. 선사들이 불립문자(不立文字)를 당부한 이유는 간명하다. 말이 생각을 낳고 생각이 말을 낳기 때문이다. 선사들은 행복에 이르는 유일한 길은 오로지 무심이라고 여겼다. 곧 생각은 불행의 시작이었다. 길다, 짧다, 옳다, 그르다, 유능하다, 무능하다 … 생각에 기름을 붓는 말을 곱게 봤을 리 만무하다. 동서고금의 숱한 논(論)과 변(辯)은 전부 진리를 표현하기 위한 나름의 시도였다. 세계(삶)에 대한 생각이 세계를 반영한다고, 세계에 관한 언어가 세계를 설명할 수 있다고 믿었다. 물론 그것들은 세계를 사랑하기 위한 것이 아니라 지배하기 위한 말들이었다.

  짐승들은 말을 할 줄 모른다. 말로써 세상과 겨루지 않는 사람의 신세는 짐승처럼 비천해지기 십상이다. 임제종의 적자로 공인된 이후 스님은 승승장구를 달렸다. 말로써 인정받고 대접받고 감사받는 삶이었다. 임금의 스승이자 권문세족의 스승이었다. 권력의 품에서 권력을 다독이는 국사(國師)라는 위치. 입을 다물고 산 속에 파묻혀서는 맛보기 힘든 벼슬이다. 현실 속의 스님은 저작 속의 스님처럼 과묵하지는 않았을 것이다. 정치를 했을 것이고 거래를 했을 것이다. 임금을 불러 앉혀놓고 "거룩하고 인자한 마음이 모든 교화의 근본이요 다 스림의 근원이니, 빛을 돌이켜 마음을 비추어 보라"고 '말했다.' 신돈에 의해 위기를 맞게 되자 "나라가 다스려지려면 진승(眞僧)이 그 뜻을 얻고, 나라가 위태로워지면 사승(邪僧)이 때를 만난다"고 '말했다.' 깨달은 스님 역시 논과 변의 유혹을 떨칠 수 없었다. 자신을 위한 것이든 나라를 위한 것이든 말을 해야 했다. 그게 혀 달리고 글 읽는 것들의 숙명이니. 열반을 앞두고 정신을 놓기 직전 스님이 뱉은 육성은 이것이다. "돌아가자, 돌아가자." 그렇게 돌아간 곳에 부도가 섰다. 단순하고 초라하며, 서글프고 정직하다. 마치 그의 유언처럼.

남원
실상사의
석장승

옛 마을에서
쉽게 마주쳤을 법한
얼굴들

'어느 날 임금과 신하들이 오누이를 외딴 섬에 가두면 어떻게 될까를 두고 내기를 걸었다. 남매 관계를 유지하리라고 주장한 장 승상의 자녀가 실험대상으로 지명됐다. 얼마 지나지 않아 오누이에겐 자식이 생겼고 장 승상은 자결했다. 임금은 인륜의 중요성을 계몽하기 위해 장 승상의 모습을 돌이나 나무에 본떠 전국에 세웠다.'

장승의 기원에는 설이 분분하다. 장성, 벅수, 법수, 당산할아버지, 수살목 등 별명도 많다. 역사의 불확실성은 뒤춤으로 음습한 풍설을 키웠다. 남근과의 형태적 유사성에서 추출한 패담이 주종이다. 백성들은 미끈하게 뽑힌 솟대를 보며 출산과 풍요를 빌었고, 관습은 솟대를 매개로 근친상간의 패악을 가르쳤다. 인간의 본성이면서도 본성이어서는 안 되는 성(性)에 대한 이중적 관점이 드러난다. 지역 간의 경계표나 이정표, 마을의 수호신 역할을 했다는 게 장승에 관한 가장 '바람직한' 추정이다. 어느 산하에서나 발견되는 장승은 하나같이 그 악스러운 외모다. 잡귀를 물리치기 위한 일종의 설정이다. 허상을 쫓기 위해 허상을 이용한 셈이다. 이제는 아무도 귀신을 믿지 않고 장승은 쓸모가 없어졌다. 종교로 발전하지 못한 장승은 옛것으로 완연히 도태됐다. 허상을 잃어버린 실상은 쓰레기에 가깝다.

실상사(實相寺)의 석장승은 1969년 12월 중요민속자료 제15호로 지정됐다. 모두 3기다. 전체적으로 높이는 3미터에 조금 못 미치고 둘레는 2미터에서 몇 치가 빈다. 실상사는 만수천을 가로지르는 해탈교를 기점으로 절의 안팎이 나뉜다. 석장승은 해탈교를 건너기 전에 1기, 건넌 다음엔 2기를 만날 수 있다. 본래 절 밖에 하나가 더 있었는데 1936년 홍수가 났을 때 만수천으로 떠내려 갔단다. 으레 남녀 쌍으로 장승을 세우는 게 관행인데 실상사 장승은 남성뿐이다. 현지에서는 주로 벅수로 불린다. 벅수는 '복수(卜水)'의 변형으로 짐작된다. 주술적이다. 한편으론 바보라는 뜻도 있다. 움직이지 못하고 서 있기만 하는 특성을 꼬집은 것이다. 석장승은 돌이 지닌 내구성 덕분에 형태가 그다지 훼손되지 않았다. 하긴 애당초 치밀하게 깎고 새긴 것이 아니니 닳고 삭을 것도 없다. 절 밖의 장승은 긴 얼굴에 크고 둥근 두 눈이 튀어나왔다. 눈만큼이나 코도 크고 벙거지 비슷한 모자를 썼다.

절 안의 장승들은 수호신으로서의 신분이 뚜렷하다. 왼쪽 장승에는 '大將軍(대장군)', 오른쪽 장승에는 '上元周將軍(상원주장군)'이라는 글자가 음각되어 있다. 절 안 왼쪽 장승의 얼굴이 길다기보다 넓다는 점을 제외하면, 세 장승 모두 비슷한 크기와 외모를 가졌다. 당시 민중의 생활환경처럼 허술하고 투박하다. '괴엄(魁嚴)하다'는 표현을 쓸 정도로 장승의 얼굴은 으레 심하게 뒤틀리고 패인 게 정석이다. 반면 실상사의 석장승은 무섭기는커녕 어딘지 애처롭기까지 한 품새다. 옛 마을에서 쉽게 마주쳤을 법한 얼굴들이다. 못생겼고 피로해 보인다.

실상사 종무소에는 사찰 전경을 찍은 항공사진이 걸려 있다. 사찰을 중심으로 사방이 허허벌판이다. 고찰들은 산중에 있는 게 상례지만 예외적으로 평지 한복판에 자리했다. 실상사는 구산선문(九山禪門)의 하나인 실상산문의 거점이다. 서기 893년 찬술된 '봉암사지증대사적조탑비'는 "북산에는 도의요, 남악에는 홍척"이라고 기록했다. 실상사를 개창한 홍척(洪陟)은 조계종의 종조로 추앙받는 도의 국사에 필적하는 인물이다. 도의 국사가 설악산에서 가지산문을 열었을 때 그는 지리산을 택했다. 한국 선의 태동으로 일컬어지는 구산선문은 나말여초의 혼란상을 타개하기 위한 신행결사였다. 선종이라는 신사상을 토대로 사회개혁을 주도했다. 최치원은 당시 선사들을 두고 "덕의 두터움은 중생에게 부모가 되고, 도의 높음은 국왕에게 스승이 됐다"고 상찬했다.

홍척의 제자인 수철(秀徹)과 편운(片雲)을 통해 실상사의 전법은 더욱 융성했다. 이들은 후백제의 견훤과 밀접한 관계를 맺고 있었다. 실상사가 영광을 누린 시기는 어쩌면 홍척 이후 3대간 100년이 전부다. 산이라는 울타리를 만나지 못한 절은 외침으로부터 속수무책이었다. 정유재란 때 남원성이 함락되면서 실상사도 같이 희생됐다. 겨우 중건됐다가 유생들의 방화로 없던 일이 돼버렸다. 해방 후 빨치산 부대가 지리산 산간마을 주민들을 실상사 근처로 이주시키고 산등성이

고찰들은 산중에 있는 게 상례지만 실상사는 예외적으로 평지 한복판에 자리했다.

를 개간해 무상으로 분배했다고 전한다. 주민들이 공짜로 얻은 농지는 울창했던 송림을 초토화한 결과다.

옛 사람들은 땅을 영적으로 읽었다. 기를 믿었고 혼을 기렸다. 오로지 시세로만 땅의 가치를 매기는 오늘날에 비하면 자못 성스러운 시선이다. 우리나라 풍수지리학의 시조인 도선 국사는 한반도의 정기가 지리산 천왕봉을 거쳐 일본으로 흘러들어 간다고 여겼다. 왜구의 창궐이 실제적인 증거였다. 지리산 12대 명혈(名穴)에 불상과 불탑을 봉안했다는데 실상사가 그 중 하나라는 전설. 보광전 내 동종 역시 왜구로부터의 안전을 바라며 조성한 영물(靈物)이다.

범종에는 한국과 일본의 지도가 새겨졌다. 종을 치면 일본은 쇠하고 우리는 흥한다는 신탁(神託)을 불어넣었다. 현재의 종은 1967년 실상사 경내 약사전 부근에서 발견된 파편을 기초로 복원한 것이다. 실상사 철제 약사여래좌상은 보물 제41호다. 실상사 2대조 수철 스님이 무려 4000근(2.4톤)의 철을 들여 만들었다는 부처님이다. 엄청난 근수는 신뢰와 기대의 부피다. 약사여래(藥師如來)는 중생의 질병을 치유하고 현실의 고통을 씻어주는 역할을 한다. 실제적인 '영험'으로 기능하기에 민중들에게 사랑받는 부처님이다. 약사여래가 봉안됐다는 사실은 지역의 생태가 유난히 고단했으리라는 반증이다. 군데군데 녹슬었어도 전체적인 태는 어엿한 철불(鐵佛)이다. 석장승은 철불의 규모와 질감을 따라오지 못한다. 사회가 발전할수록 인간의 욕망도 진화한다. 좀 더 거대하고 그럴듯한 신(神)을 요구하게 된다. 욕망의 정점에 물신(物神)이 서 있다.

해탈교 안쪽에 좌우로 서 있는 장승

남태평양의 이스터 섬은 거대하고 기괴한 석상들로 유명하다. 온난한 기후와 비옥한 토양, 무엇보다 200여 개에 달하는 석상들로 미루어 문명의 됨됨이가 상당했으리란 추측이다. 그러나 섬사람들이 언제 어떻게 사라졌는지는 여전히 불가사의다. 석상들을 건립하느라 생산력을 탕진했기 때문에 멸망했으리라는 학설이 탄력을 받는 중이다. 섬에 정착한 원주민은 생존을 위해 무분별한 벌목을 단행했다. 나무가 사라지자 열매와 짐승이 사라졌고 생태계는 조금씩 으깨졌다. '무명 중생'들은 터전이 척박해지는 이유를 스스로의 잘못이 아닌 신의 노여움으로 돌렸다. 마지막 한 사람까지 우상의 건립에 매달렸고 광기의 역사는 막을 내렸다.

인간은 자아와 세계에 대해 끊임없이 의미를 부여하는 본능을 지녔다. 불행을 스스로 용납할 수 있도록 순치해 극복하려는 요량이다. 극도의 불행은 이해할 수 없는 불행이다. 불교 역시 '업보'라는 개념으로 도탄에 빠진 사람들에게 빠져나갈 길을 터주었다. 자신의 생각과 행위에 따라 현재와 미래가 결정된다는 가르침은 개인의 성실과 책임을 강조하고 있다. '예수천국 불신지옥'보다 체계적이고 '배신은 죽음'의 논리보다 따스하다. 이스터의 사람들은 자신을 믿지 않고 살피지 않았다. 그들이 우상에 정력을 쏟아 부을 때 현대인들은 자본의 힘을 맹신한다. 이스터의 멸망은 전방위적인 난개발로 위기에 몰린 지구의 상황에 자주 비유된다. 어서 시선을 돌리지 않는다면, 다시 장승이 대접받는 세상으로 회귀할 지도 모른다는 생각.

남원, 실상사의 석장승

예천 용문사의 윤장대

양심의 가책,
인간이 운명에게 거둔
유일한 1승

"내가 사랑한 자리마다 모두 폐허다"라는 구절을 지닌 시가 있다. 대학 시절 즐겨 읽던 시인의 1994년 소월시문학상 수상작이다. "완전히 망가지면서 완전히 망가뜨려놓고 가는 것, 그 징표 없이는 진실로 사랑했다 말할 수 없는 건지. 나에게 왔던 사람들, 어딘가 몇 군데 부서진 채 모두 떠났다." 정공법으로 게워내는 고해들은 하나의 "뼈아픈 후회"를 향해 질주한다. "그 누구를 위해 그 누구를 사랑해 본 적 없다는 거." 사랑은 도덕적 우월감이나 자기연민에서 나온 상스러운 감정에 불과했다는 반성이다. 아무리 멀끔하게 차려 입어도 천박한 본성을 감추지 못하는 이기심. 민폐를 끼치고 자폭을 부르는 이기심.

윤장대(輪藏臺)는 사찰에서 경전을 담아두는 책장으로 쓰이던 물건이다. 장(藏)은 경율론(經律論) 삼장(三藏), 불교의 전적류를 총칭하는 말이다. 그리고 윤(輪). 윤장대의 두드러진 특징은 돌릴 수 있는 책장이라는 것이다. 예천 용문사의 윤장대는 보물 제684호다. 문화재로서의 윤장대는 이것뿐이다. 고려 명종 7년(1177) 왕명으로 대장전(大藏殿)을 지으면서 같이 만들어 넣어뒀다. 현존하는 유물이 그때 것인지 아니면 조선 현종 11년(1670) 대장전을 새로 단장하면서 다시 만든 것인지 확실치 않다. 여하튼 아무리 짧게 잡아도 300년이다. 전국을 뒤져도 이만한 나이를 지닌 윤장대는 없다.

인간은 업장(業障)을 씻기 위해 윤회한다고들 한다. 옛 사람들은 윤장대를 돌리면 경전을 읽는 효과를 얻을 수 있다고 여겼다. 소원을 성취하고 업장을 소멸해 부처의 행복을 누리리란 믿음. 결국 윤장대의 돎과 윤회의 돎, 운동적 유사성에서 착안해 만들어진 신화로 보인다. 더구나 남의 나라의 복잡한 글말인 한문이 사회를 장악하던 시대다. 대부분이 문맹인 중생들이 부처님의 말씀을 가까이 할 수 있도록, 누군가 선의의 거짓말을 만들어 유포했으리란 짐작.

용문사의 윤장대는 대장전 불단을 중심으로 2기가 나란히 설치됐다. 좌측(동편) 것의 문은 빗살문, 우측(서편)은 화문(花紋)으로 새겼다. 일원주(一圓柱)를 축으로 해서 팔각정 모양으로 제작했다. 지붕 끝은 건물 천장에 연결하고 밑동은 팽이모양으로 뾰족하게 깎아 잘 돌아갈 수 있게 했다. 실용적이면서도 고풍스럽다. 현대의 가구에 응용해도 괜찮을 법한 체(體)와 용(用)이다. 아무지게 깎고 엮어 고관대작에게 팔면 제법 수지맞을 목공예 제품이 될 성싶다.

윤장대는 도내의 명물이다. 윤장대를 돌리면 불보살의 가피를 얻을 수 있다는 신화는 여전히 유효하다. 내방객이 용문사를 찾으면 십중팔구 윤장대의 위치를 물어보고 대장전에 들어가 힐끔거린다. 밑져야 본전이니 한번 만져나 보자는 싸구려 신앙. 훼손 우려 탓에 절에서는 윤장대의 손잡이에 자물쇠를 채웠다. 1년에 두 번, 삼짇날(음력 3월 3일)과 중양절(음력 9월 9일)에만 체험을 허락한다. 제비가 나타나고 사라지는 날들로 양기(陽氣)의 태동과 절정을 기리는 절기다. 아무 때나 돌릴 수 있는 줄 알고 무작정 들렀다가 낭패를 봤다면, 사찰 한편의 성보유물관으로 들어가면 된다. 모조품을 만들어 놨다. 병든 마음이 일어나 사진을 찍던 손을 자꾸 윤장대 쪽으로 잡아당긴다. 억지로라도 돌려볼까, 싶다. 발을 움직일 때마다 요란하게 앓는 소리를 내는 대장전 바닥에서 묵직한 흉조를 느꼈다. 복을 쥐기는커녕 공연히 수갑이나 차지 않을까 싶어 관뒀다.

직지사의 말사인 용문사(龍門寺)는 예천군 중심에서 북쪽으로 15킬로미터 떨어진 소백산 기슭에 자리했다. 신라 경문왕 10년(870) 두운(杜雲) 대사가 개창했다. 두운 스님이 범일(梵日) 스님과 함께 입당구법(入唐求法)했다가 귀국한 뒤, 용문산 기슭에 풀을 엮어 암자를 마련

용문사는 '영남제일강원'으로 이름을 날렸다.
명종 3년(1173) 중창불사를 완공한 뒤 절에서는 학인 500인을 모아 50일간 담선회(談禪會)를 열었다.
산청 단속사(斷俗寺)에서 효순 선사(孝禪師)를 초청해『전등록』과『능엄경』을 가르치게 했다.
강(講)과 선(禪)이 함께 성하던 희유한 도량이었던 셈이다.

해 산 것이 시초다. 고려 태조 왕건이 유난히 아꼈다. 남벌(南伐)에 나선 왕건은 평소 두운 대사의 명성을 익히 알고 있었다. 조언과 격려를 들을 요량으로 용문사로 발길을 틀었다. 행차가 동구에 이르렀을 때 별안간 용 한 마리가 나타나 어가(御駕)를 반겼다. 신이(神異)를 높이 산 왕건은 산 이름을 용문산, 절 이름을 용문사라고 바꿨다. 그리곤 두운과 함께 후일을 약속했다고 전한다.

왕건은 삼국을 통일한 그해(936) 용문사의 대대적인 중창을 지시했다. 아울러 관할 주현(州縣)에 매년 150석의 조세를 절에 바치도록 조치했다. 모르긴 해도 스님에게서 상당한 은덕을 입은 것 같다. 출정 길에 벼락같이 나타난 용은 스님의 군사적 혹은 정치적 조력을 에둘

윤장대는 도내의 명물이다.
윤장대를 돌리면 불보살의
가피를 얻을 수 있다는 신화는
여전히 유효하다.

러 표현한 상징으로 풀이된다. 도반(道伴)인 범일 스님이 구산선문의 하나인 사굴산문의 개창자였다는 점이, 만만치 않았을 스님의 위세를 뒷받침한다.

물론 용은 탁월한 지세로 읽어도 괜찮다. 명종은 1171년 용문사에서 자신의 즉위와 원자의 탄생을 축하하기 위한 법회를 크게 열었다. 도량의 남쪽에 9층의 청석탑(靑石塔)을 세우고 사리를 봉안했다. 다섯 명의 스님이 낮에는 『금강명경』을 읽고 밤에는 염불을 했다. 대작불사에는 안동의 10개 사찰 등에서 거둬들인 조 700석이 들었다. 무엇보다 사찰은 원자의 태(胎)를 일주문 밖에 묻는 영광을 얻었다. 국가의 안위를 좌지우지할 길지. 용문사를 바라보던 왕조의 미더운 시선을 엿볼 수 있다.

윤장대는 지나간 시절의 서가(書架)다. 곧 사찰이 경학(經學)과 연관이 깊었음을 시사한다. 일제강점기만 해도 용문사는 '영남제일강원'으로 이름을 날렸다. 명종 3년(1173) 중창불사를 완공한 뒤 절에서는 학인 500인을 모아 50일간 담선회(談禪會)를 열었다. 산청 단속사(斷俗寺)에서 효순 선사(孝淳禪師)를 초청해 『전등록』과 『능엄경』을 가르치게 했다. 강(講)과 선(禪)이 함께 성하던 희유한 도량이었던 셈이다. 윤장대가 조성된 시기에 즈음한다. 근대 한국불교 의식집 『석문의범』의 저자 안진호 스님과 직지사 전 조실 관응 스님이 후학들을 가르친 가람이다. "용문사에서 강(講)을 들은 이력이 없다면 직지사 주지는 꿈도 꾸지 말라"는 채근이 전승되는 곳이다.

　　　　업장. 말과 몸, 마음으로 지은 죄들의 흙탕. 내가 나를 위해 사는 건 어쩌면 순리다. 모든 생명은 홀몸으로 태어나고 몸 하나에 목숨은 하나뿐이니까. 결국 살려면 다퉈야 하고 잘 살려면 이겨야 하는 게 홀몸들의 운명이다. 윤리와 종교가 조정에 나섰지만 성과는 알다시피 지지부진한 편이다. 앞서 소개한 시인은 다른 시편에서도 "삶은 얼마간의 굴욕을 지불해야 건널 수 있는 길"이라고 씁쓸한 진단을 내렸다. 비단 굴욕만이 살아가는 데 필요한 판돈은 아니다. 학대와 모략의 기억을 가지지 않은 자는 인생을 논할 자격이 없다. 나를 살리는 것이든 나를 죽이는 것이든, 더러운 '내'가 만든다. 그러나 양심의 가책, 인간이 운명에게 거둔 유일한 1승이다. 사람이라면, 질투심으로 쌓아올린 자아를 죄책감으로 허물어뜨릴 날을 한번쯤은 만난다. 사람의 세상에서 제 몫을 찢고 가르고 나눠본 경험이 언젠가는 사고를 제대로 칠 것이다. 바람이 차다. 겨울날 벌거벗겨진 채 벌서고 있는 나무들, 어서 이리로 오라고 난리다.

서울
수국사의
황금사찰

모든 존재는
없음으로 있을 때
가장 완벽하다

신중하지 못한 발언의 대가. 주신(酒神) 디오니소스는 미다스에게 소원 하나를 들어주겠다고 약속했다. 미다스가 자신의 스승을 극진히 대접 했다는 소식을 들은 뒤다. 평소 황금이라면 사족을 못 쓰던 미다스는 지체 없이 속내를 드러냈다. 뭐든지 만지기만 하면 황금으로 바꿀 수 있는 능력. 디오니소스는 화통했고 미다스는 감동했다. 두두물물(頭頭物物) 손에 닿는 족족 수중엔 금괴가 생겼다. 얼핏 자손 대대로 감사해야 할 행운처럼 보인다. 그러나 그것이 저주임을 깨달을 때까지 필요한 시간은 한식경이면 족했다. 허기를 느껴 빵을 쥐자 빵은 삽시간에 씹을 수 없는 덩어리로 변했다. 딸을 무심코 안았다는 이유만으로 자식을 죽인 죄인이 됐다. 탐욕은 그를 아무 것도 먹을 수 없고 아무도 사랑할 수 없는 존재로 전락시켰다.

    기원전 1400년경에 조성된 것으로 짐작되는 투탕카멘의 묘에서 마스크와 왕관 등 100킬로그램에 달하는 금제품이 발견됐다. 사금이 최초로 채취된 때는 기원전 7000년 무렵이다. 권력자들은 목이 부러질 듯한 통증을 감수하며 금으로 왕관을 만들어 썼으며 금화에 자신의 얼굴을 새겼다. 금이 인류를 매혹시킨 까닭은 독보적인 광채 때문만은 아니다. 남아프리카의 광산에서 1톤의 금을 얻으려면 1만 4000톤의 흙을 걷어내 분쇄해야 한다. 아무나 가질 수 없다는, 나만이 가져야 한다는 희소성. 그것이 사람을 미치게 했다. 미다스의 비극은 만물은 제각기 쓰임새가 있고 금이 값진 건 희소하기 때문이라는 사실을 망각한 탓이다. 산도 금이고 물도 금이며, 너도 금이고 나도 금인 세계를 보면 어떤 느낌이 들겠는가. 하늘이 노랗게 보일 때와 비슷한 심정일 것이다. 그리고 혀는 정말 무서운 물건이라는 것.

    하늘이 노래질 만한 임종. 수국사(守國寺)는 1459년 세조의 맏아들이었던 의경세자의 극락왕생을 빌기 위해 지은 원찰이다. 그는 스무 살에 죽었다. 아내였던 수빈(粹嬪)은 남편의 요절로 끝내 중전이 되지 못했다. 그녀는 불교에 귀의해 절치부심했다. 훗날 무사히 즉위에 성공한 아들 성종이 얼마간 한을 풀어줬다. 의경세자가 덕종으로 추존되면서 그녀 역시 왕비로 승격됐다. 소혜왕후 곧 인수대비. 그녀는 곧바로 수국사의 중창을 지시했다. 새로 지은 절의 규모는 방사 119칸에 이르렀다. 1471년의 일이다. 인수대비는 아들의 집권과 자신의 영전을 불보살의 가피로 여겼던 것 같다. 그녀의 부처님은 끝까지 그녀를 지켜주진 못했다. 인수대비는 손자인 연산군의 이마에 박치기를 당해 죽었다.

    보이는 것이 전부는 아닌 세계. 오늘날의 수국사는 황금사원으로 유명하다. 대웅전 안팎으로 금박을 입혔다. 아침저녁으로 해가 땅에 걸릴 때 특유의 호사스러운 빛을 발한다. 중생의 어리석음을 정화하는 지혜와 자비의 불광(佛光)을 상징한다. 서울에서 손꼽을 만한 풍경이 되기에 손색이 없다. 으레 개금불사는 일반적인 단청보다 턱없이 많은 비용을 치러야 한다고 여기기 십상이다. 물론 초기 비용은 상대적으로 비싸다. 그러나 처음에 충실하게만 바르면 특별히 손볼 일이 없어 경제적이다. 녹슬지 않고 변색이 없는 광물적 특성 덕분이다. 전 세계에서 여전히 화폐로 통용되는 까닭도 이런 맥락이다.

    인도에도 있는 황금사원. 펀잡주(州) 서부의 도시 암리차르에 위치한 시크교의 성소(聖所)다. 하리만디르(Harimandir). 교단의 다섯 번째 구루 아르잔 데브가 1604년에 세웠다. 구루(Guru)란 인도의 종교계에서 진리를 깨달아 만인을 가르치는 스승이란 의미로 사용된다. 우리 쪽의 선지식(善知識)과 같다. 아프가니스탄의 거듭된 침략으로 파손된 것을, 시크왕국을 개국한 란지트 싱이 1802년 대리석과 구리 재질

수국사는 황금사원으로 유명하다. 대웅전 안팎으로 금박을 입혔다. 아침저녁으로 해가 땅에 걸릴 때 특유의 호사스러운 빛을 발한다.

의 외벽에 금박을 씌워 재건했다. '싱(Singh)'은 사자라는 의미로 교단에 소속된 무사들을 가리킨다. 펀잡을 비롯해 카슈미르, 파키스탄 등 북인도를 장악한 시크왕국은 대영제국의 식민화에 마지막까지 저항한 대륙의 막부다. 시크교는 국가의 이데올로기인 힌두교에서 행하는 모든 의례와 우상 숭배를 부정한 이단이었다. 박해는 필연적이었고 자연스럽게 무장을 선택했다. 후기로 갈수록 교단보다는 군대의 모양새에 가까워졌다. '싱'들은 '5K'의 용모를 갖추어야 했다. Kes(머리와 수염), Kangha(빗), Kachh(짧은 속바지), Kara(쇠팔찌), Kirpar(칼). 5K엔 사내들의 낭만이 넘치는 복제(服制)가 숨쉰다. 아울러 선을 지키려면 반드시 악이 필요하다는 것.

인수대비가 들었다면 불쾌했을 이야기. 힌두교와 이슬람교를 혼합한 시크교의 교리는 상당히 독특하다. 유일신을 신봉하면서도 윤회를 믿었다. '만물을 창조하고 파괴하는 신은 인간을 모든 생명의 으뜸으로 선택했고 인간 이외의 짐승은 인간에 대한 봉사의 의무를 지녔다'는 대목은 다분히 기독교적이다. 반면 '이기심과 쾌락에 날뛰는 인간은 생사의 굴레에서 자유로울 수 없다'는 가르침에선 불교의 냄새가 난다. 다음은 시크교의 창시자 나나끄의 설법이다. "그 진실한 분을 먼 데서 찾지 마라. 그분은 너희들 모두의 마음속에 계시다. 구루의 가르침을 따르면 진실을 알게 되리라." 신앙의 진정성은 형식이 아닌 내용에서 드러난다는 것을 타이르는 충고인데, 어디서 많이 들어본 말이다. '자기 안의 불성을 깨달으면 곧 부처가 되리라…'

모든 법은 하나로 돌아간다는 것. 역시 나나끄의 편잔이다. "삭발을 하고 나팔을 분다고, 앉아서 사색하고 성지에서 목욕을 한다고 종교가 이뤄지는 것은 아니다." "경전을 외우면 똑똑해지고 계를 지키면 천상에 태어나며 남에게 베풀면 복을 받을 것이다. 그러나 거기에 부처는 없다"

수국사 대웅전 왼쪽에 놓인 초전법륜상(初轉法輪像). 부처님은 깨달은 뒤에 다섯 명의 비구를 교화해 최초의 교단을 성립했다.

는 보리달마의 단언, "벽돌을 간다고 거울이 될 수 없듯이 좌선을 한다고 깨달을 수는 없다"는 남악회양의 질책과 매우 흡사한 패턴이다. 인도인의 입에서 발견되는 선(禪). 하리만디르는 사방으로 입구를 뚫었는데 종교와 계급에 상관없이 모든 사람을 맞이한다는 취지다. 하리만디르는 성스러운 대중이란 뜻이다. 국적이나 인종을 차별하지 않는 종교라면, 결국 같은 길을 가리키는가보다. 형상과 관념 너머에 있는 진실. 그 찬란한 '없음'을 향한 몸부림.

소유와 결핍의 동시성에 관한 문제. '미다스의 손'은 파산만이 멈추게 할 욕망, 죽음만이 쉬게 할 슬픔에 관한 우화다. 모든 가치는 나의 바깥에 있을 때에만 존귀하고 아름답다. 정작 자아 안으로 편입되면 매력은 종적을 감춘다. 내 것이 되는 순간, 그것은 이미 지루한 일상의 부분일 뿐이다. 가지면 가질수록 안달이 나고 사랑하면 사랑할수록 외로워지는 까닭. 수국사 대웅전 왼쪽에 놓인 초전법륜상(初轉法輪像). 부처님은 깨달은 뒤에 다섯 명의 비구를 교화해 최초의 교단을 성립했다. '비구여, 출가자는 두 변(邊)을 가까이하지 말 것이니, 즐겨 애욕을 익히거나 또는 스스로 고행하는 것이다. 이는 어질고 성스러운 법이 아니며 심신을 피로하게 하여 할 일이 못 된다. 비구여, 이 두 변을 버리고 나면 다시 중도(中道)를 얻으리라.' 금덩어리도 아니고 똥덩어리도 아닌 것에 의지하라. 악에도 휘말리지 말고 선에도 속지 마라. 전부 빛과 말의 농간이다. 내구적인 평화는 '있음'에 집착하지 않을 때 실현된다. 그것이 '있지 않음'을 무시하게 하고 '덜 있음'을 슬퍼하게 하니까. 모든 존재는 없음으로 있을 때 가장 완벽하다. 허물을 들추고 아쉬움에 젖을 자아가 관여할 수 없기 때문이다. 해가 지면 황금사원은 빛나지 않는다. 모든 것이 검게 빛나니까.

절이
안은
생.명.

공주 영평사의 구절초
강진 백련사의 동백
고령 반룡사의 대나무
남양주 묘적사의 연못
함양 벽송사의 미인송
천안 광덕사의 호두나무
춘천 청평사의 고려정원
진주 응석사의 무환자나무
함안 장춘사의 불두화

공주
영평사의
구절초

선악의 피안을
어찌
말로 다스릴 것인가

'추래불사추(秋來不似秋)'라 할 만하다. 시기상으로는 가을의 복판이지만 날씨는 여름의 문턱을 좀체 넘어서지 못하고 있다. 영평사를 찾았던 날도 뜨거웠다. 신문에서나 보던 지구 온난화의 폐해를 피부로 느끼는 순간이다. 하늘은 여름에 쓰고도 한참 남은 햇볕을, 머리 위로 들이부었다. 그래도 산사에 흐드러진 구절초 덕분에 늦더위를 잊는다. 열기에 시달리던 감각이 두 눈 속으로 들어와 황급히 몸을 숨긴다. 구절초는 가을에 피는 대표적인 자생화로 들국화의 일종이다. 원형으로 뻗어나가는 하얗고 기다란 꽃잎이 아름답다. 3만 평 대지가 구절초 천지다. 때 아닌 '폭설'에 눈이 따갑다.

영평사의 구절초는 자생이 아니다. 인간의 땀으로 틔운 꽃이다. 15년 전 주지 환성 스님이 산 구석구석을 다니며 직접 심었다. 구절초의 파종은 4월부터 6월까지 꼬박 3개월이 걸린다. 모종을 심고나면 주변의 잡초를 솎아내는 일로 여름 한철을 보낸다. 아무리 발육이 좋은 구절초라도 한 곳에서 3년 정도 자랐으면 땅을 갈아엎어야 한다. 그대로 방치하면 열에 아홉은 성장을 거부한다. 환성 스님은 "일정한 시간이 지나면 꽃들도 땅에 싫증을 내는 것 같다"고 말했다. 꽃조차 권태를 느끼는 모양이다.

'가을은 남자의 계절'이란 속설은 호르몬 분비의 변화와 관계가 깊다. 가을이 되면 남성의 성욕을 유발하는 테스토스테론이 일시적으로 증가한다. 그래서 더 외롭고 뒤숭숭하단다. 윤리와 법도가 엄존하는 인간사회에서, 주체할 수 없는 흑심이란 그리 달가운 기분이 못된다. 물론 가을은 남자만 힘들게 하지 않는다. 여자도 가을을 탄다. 날씨의 변화에 따라 생체리듬도 바뀌게 되는 것이 이유다. 일조량이 줄어들고 기온이 낮아지면 노에피네프린, 세로토닌 등 정신을 차분하게 만드는 호르몬이 왕성하게 뇌에 전달된다. 그것이 차고 넘치다 보니 곧 우울해지는 것이다. 떨어지는 낙엽, 벌거벗은 나무와 같은 서글픈 풍경도 가뜩이나 가라앉은 마음에 돌덩이를 얹는다. 남성에 비해 정서적으로 예민한 여성들은 좀 더 강렬하게 추월색(秋月色)을 앓는다. 이때부터 심해지는 생리불순도 이와 무관하지 않다. 구절초는 이들을 위해 산다.

  음력 9월 9일 중양절(重陽節)은 1년 중 양기가 가장 성성하다는 날이다. 이날엔 국화나 구절초로 술을 빚어먹는 것이 풍습이다. 구절초(九折草)란 이름은 꽃잎을 9월에 땄을 때 약효가 최고조에 이른다는 의미에서 유래했다. 특히 부인병에 탁월한 효능을 발휘한다. 냉증에 좋고 생리통에 강하다. 월경주기를 바로잡아주고 심지어 폐경을 되살려낸다. 오죽하면 선모초(仙母草), 신선이 어머니들에게 준 약초라는 별명이 붙었을까. 옛 어머니들은 딸이 시집을 가기 직전과 해산을 하고 몸조리를 위해 친정에 왔을 때 구절초를 달여 먹였다. 구절초의 꽃말은 '어머니의 사랑'이다. 가을은 결실의 계절이다. 구절초도 가을 안에 살 만한 자격을 충분히 갖춘 셈이다.

  영평사(永平寺)가 위치한 장군산은 금강(錦江)을 거슬러 올라가는 역룡(逆龍)의 자세를 취하고 있다. 산세는 작지만 기운이 세찬 명당으로 불린다. 사찰이 지향하는 '영원한 평화(永平)'는 꽃들이 만든다. 봄에는 매발톱꽃, 여름에는 백련이 풍성하다. 9월이 오면 구절초가 대세다. 흰빛의 물결은 9월 말에서 10월 중순까지가 절정이다. 이때 사찰에선 축제를 연다. 여러 가수들의 공연을 볼 수 있고 구절초로 요리한 음식과 구절초로 염색한 옷을 체험할 수 있다. 가장 가볼 만한 지역축제 가운데 하나다.

  구절초에도 향기가 있어 곤충들이 끊임없이 몰려든다. 꿀을

영평사(永平寺)가 위치한 장군산은 금강(錦江)을 거슬러 올라가는 역용(逆龍)의 자세를 취하고 있다.
산세는 작지만 기운이 세찬 명당으로 불린다.

빨고 있는 나비의 생김새가 예사롭지 않다. 다리가 네 개뿐이다. 네발나비 역시 여느 곤충처럼 여섯 개의 다리를 가졌었다. 그러나 앞다리 한 쌍이 퇴화돼 눈에 띄지 않을 만큼 작아졌다. 퇴화라기보다 포기에 가깝다. 울퉁불퉁한 꽃잎 위에 앉을 일이 빈번했다면 다리를 끝까지 지키려 했을 것이다. 흙 속에 스민 무기질과 수분을 섭취하기도 하는 네발나비는 꽃보다 땅에 앉을 일이 많다. 무엇보다 다리보다 훨씬 날렵하고 자유롭게 움직일 수 있는 날개가 있다. 본디 나비란 게 다리 한두 개쯤은 없어도 괜찮은 짐승이다. 그래도 징그럽다.

들꽃을 보면 측은해진다. 들에 사는 것들에겐 집이 없다. 반복

되는 추위와 더위를 맨몸으로 견뎌야 하는 운명이다. 사람의 발길질 한 번에 세상을 하직할 수도 있는 풍전등화의 목숨이다. 그래서 모든 위험과 역경을 극복하고 당당한 성체로 선 꽃들을 보면 존경스럽다. 동정심이 질투심으로 바뀌는 지점이기도 하다. 채 피지도 못한 채 삶을 빼앗긴 청춘이나, 입 달리고 손 달린 죄로 신음하는 중생의 신세가 들꽃보다 나을까 싶다. 마음을 닫고 보면 사는 게 다 거기서 거기인데, 마음은 자꾸 밖으로 삐져나온다. 불안하고 창피하게.

남전보원(南泉普願, 748~834) 선사는 '남전참묘(南泉斬猫)'의 일화로 유명하다. 스님들이 고양이 한 마리를 두고 서로 자기 것이라며 다투자, 고양이를 죽임으로써 문제를 단칼에 해결해버린 인물이다. 그는 수행승에게 주어진 가장 엄혹한 금기인 불살생을 단숨에 갈아 마셔버렸다. 대(大)의 화합을 위해 소(小)를 희생한 것이라는 둥 중생의 탐욕

꿀을 빨고 있는 나비의 생김새가 예사롭지 않다. 다리가 네 개뿐이다.

을 분쇄하기 위한 충격요법이었다는 둥 워낙 의외의 행위였기에 해석이 분분하다. 그러나 선악의 피안을 어찌 말로 다스릴 것인가.

지금의 감사원장에 해당하는 어사대부(御史大夫)를 지낸 육긍(陸亘, 764~834)은 남전 선사와 친분이 두터웠다. 어느 날 승조 스님이 쓴 『조론(肇論)』을 탐독하다가 퍼뜩 깨달은 바가 있었다. 그는 부리나케 스님에게 달려가 자신의 깨달음을 자랑했다. "'천지는 나와 한 뿌리이며, 만물은 나와 한 몸(天地同根 萬物一體)'이라는 구절이 나오던데, 매우 훌륭한 말씀이군요." 칭찬이나 보충 설명을 기대했겠으나 스님은 대꾸가 없었다. 묵묵부답하던 중 뜰 안에 핀 모란꽃 한 송이를 손가락으로 가리키며 말했다. "요즘 사람들은 이 한 송이의 꽃을 마치 꿈결인 양 바라보는구먼(時人見此一株花 如夢相似)." 대단치도 않은 깨우침에 괜히 호들갑을 떤다는 무언의 호통이다. 불법은 언제 어디서나 확실하게 드러나 있는 것인데, 책만 파고 있다는 비판이다.

남전의 꽃은 모란이 아니어도 상관없다. '세계일화(世界一花).' 세계는 꽃 한 송이. 꽃 한 송이가 세상의 모든 이치를 품고 있다는 뜻이다. 구절초 안에 다 들어 있다. 고양이가 목을 베인 이유, 네발나비의 다리가 네 개뿐인 이유, 인류가 출현한 이유, 돈이 전부가 아닌 이유, 사람이 잘났다고 다 잘 되지는 못하는 이유, 전 세계적으로 집값이 폭락하는 이유, 배우 최진실이 자살한 이유까지. 하얀 꽃잎을 짐짓 유심히 살펴본다. 아무 것도 안 보인다. 그런데 갑자기 ….

강진
백련사의
동백

빈곤도 좌절도
능히 잊게 할 만한
환영

가을을 맨 먼저 감지해내는 건 후각이다. 9월 말에서 10월 초, 시간대는 아침이나 저녁나절이 알맞다. 문득 현관문을 열면 가을의 독특한 체취와 조우한다. 코끝이 시큰하다는 표현으로는 서너 뼘 모자란다. 겨울의 냄새는 이것의 숙성 혹은 진화다. 뼈를 건드리는 추위와 뒤섞여 한층 진국이 된다. 여름의 전령사는 단연 촉각이다. 비만에 시달리는 천지의 기운은 온몸으로 견딜 수 없는 온기를 선사한다. 온 산하를 뒤덮은 녹색은 한없이 진부하다. 반면 봄은 자연이 가장 많은 색깔을 보유할 수 있는 시기다.

　겨우내 연금돼 있다가 다시 살판이 난 나무들은 건강의 표시로 일제히 꽃을 피운다. 시각은 인간의 유별난 공격성과 저돌성을 일깨우고 재우치는 감각이다. 시각이 가장 먼저 반응하는 봄은 그래서 경박스럽고 위험하다. 춘심에 취한 사람들도 꽃 사이로 마구 뛰쳐나와 아무나 붙잡고 논다. 바람나기 딱 좋은 계절은 곳곳마다 아름다운 지뢰를 뿜내고 있다.

　강진은 다산 정약용(1762~1836)이 18년의 유배생활 중 10년을 보낸 곳이다. 그는 백련사 옆에 지은 초당에서 책을 읽고 글을 쓰며 살았다. 마이너리티를 사랑한 군주 정조는 1800년에 승하했다. 다산은 이듬해 벼르고 벼르던 노론에 의해 득달같이 숙청됐다. 정조의 능력주의 인사로 발탁된 다산은 기중기를 발명해 화성을 축조한 당대 최고의 테크노크라트(Technocrat)였다.

　정조가 죽자마자 그의 정치생명도 끝났다. 형기를 마친 뒤에도 다산은 죽을 때까지 조정에 복귀하지 못했다. 귀양지에서 남긴 서한에는 이미 재기를 체념한 듯한 심경이 엿보인다. 그는 아들들에게 보내는 편지에서 '너희는 망한 집안의 자손'이라며 '죄인의 자식이 살아가는 방법은 오직 독서뿐'이라고 냉정하게 말했다. 기약 없는 가난을 견뎌야 할 근검과 형제간의 우애만 강조했다. 귀양의 곤궁과 피폐에 굴복한 사대부들이 으레 그랬던 것처럼, 간드러지는 연군가로 임금에게 구걸한 흔적은 좀처럼 눈에 띄지 않는다. 외려 '임금의 존경을 받아야지 임금의 총애를 받는 사람이 되는 게 중요하지 않다'며 꼿꼿이 거리를 유지했다. 어차피 다산은 정조 이외의 임금에 대해선 일절 기대하지 않은 것 같다. 그가 꿈꾸던 봄은 다른 곳에 있었다.

  대웅보전에 있는 중수기 현판에 의하면 백련사는 신라 제46대 문성왕 재위 시 무염 스님(無染, 801~888)이 창건한 것으로 전한다. 백련이란 명칭에서 당시 유행한 신행결사의 한 근거지로 추정된다. 국운의 말기에 처한 신라인들은 끼리끼리 절에 모여 염불로 극락왕생을 도모하는 운동을 펼쳤다. 절은 고려시대에 크게 확장됐다. 1211년 원묘 국사(圓妙國師) 요세(了世)가 중창했다. 월출산 약사난야(藥師蘭若)에 거주하던 요세 스님은 이 지방의 독실한 불교 신자인 최표(崔彪), 최홍(崔弘) 형제와 이인천(李仁闡)의 청으로 만덕산에 옮겨와 살게 됐다. 그의 제자 원영(元瑩), 지담(之湛), 법안(法安) 등이 나서 방사 80여 칸을 짓고 스승을 모셨다. 그래서 백련사는 만덕사라고도 불렸다. 1216년 낙성법회가 열렸다. 여말선초에는 왜구의 창궐로 거의 폐사되다시피 했다. 이후 절은 1426년 천태종 행호(行乎) 스님에 의해 몸을 추슬렀다.

  광해군 시절에는 청허휴정 스님(淸虛休靜, 서산 대사)의 법맥을 이은 취여삼우(醉如三愚) 스님이 법회를 열며 옛 모습을 되찾았다. 1681년 '백련사 사적비'가 세워졌다. 다시 큰불을 만났고 절은 이지러졌다. 절의 여러 스님이 중건을 서원하고는 각자 분담해서 시주를 모았다. 1762년 4월 13일 1년 만에 대법당의 중건을 마무리했다. 영조 36년의 일로 지난했던 명멸의 마지막을 장식하는 기록이다.

백련사(白蓮寺)는 이름과 달리 연꽃이 아닌 동백의 사찰이다.
1500그루에 달하는 동백림의 장관 앞에서, 풍부했던 과거는 금세 지워지고 만다.

　　　　　　　　백련사(白蓮寺)는 이름과 달리 연꽃이 아닌 동백의 사찰이다. 1500그루에 달하는 동백림의 장관 앞에서, 풍부했던 과거는 금세 지워지고 만다. 백련사가 남도답사의 주요 관문인 강진을 대표하는 명승이라면 백련사가 지닌 명성의 팔할은 동백의 몫이다. 백련사는 해마다 동백 덕분에 상춘객들로 북적이고 언론의 봄맞이 특집에서 늘 단골손님으로 등장한다. 이 많은 동백나무를 정약용이 혼자 다 심었다는 설이 있다. 10년이라는 유배기간을 고려하면 십분 억지 같은 풍문은 아니다. 1만 3000평 면적에 7미터를 훌쩍 넘는 동백나무가 넉넉한 군락을 이뤘다. 주위에 비자나무, 후박나무, 왕대나무, 차나무도 많다. 백련사의 동백림은 꽃보다 잎이 더 빛났다. 한여름의 녹음처럼 깊고 진했다. 적막의 낙원에 서면 하늘이 잘 보이지 않는다. 다산이 세속적 희망에 그다지 연연해하지 않은 이유도 언뜻 이해가 간다. 빈

동백나무가 넉넉한 군락을 이룬다. 주위에 비자나무, 후박나무, 왕대나무, 차나무도 많다. 백련사의 동백림은 꽃보다 잎이 더 빛났다.

한 신세와 박한 시절을 능히 잊게 할 만한 환영이다.

　동백은 추운 겨울에 꽃을 피운다 해서 '동백(冬柏)'이다. 한겨울이라도 따스한 날씨가 며칠이라도 이어지면 여보란 듯 꽃을 피운다. 동백의 개화기는 빠르면 11월부터 늦게는 5월 초까지, 봄꽃이라고 규정하기도 애매한 왕성한 번식력을 자랑한다. 화무십일홍(花無十日紅)이란 냉엄한 순리를 우습게 벗어나는 동백을 보면 누구나 운명의 극복에 관해 한번쯤 생각해 보게 마련이다. 어느 역사가는 조선에 대해 '멸망기에 접어든 이후로도 무려 3세기 이상을 존속한 특이한 국가'라고 평했다. 임진왜란을 치르면서 사실상 국력이 바닥을 드러냈다는 것이다. 곧 한국의 르네상스라 상찬되는 영·정조 시대는 엄청난 행운의 시대였다. 반면 조선의 19세기는 한숨이 절로 나오는 외침과 수탈의 역사다. 다산은 1800년까지가 왕조의 끝임을 직감했을 것이다. 그럼에도 세상에 대해 포기하지 못했다. 그는 어쩔 수 없는 지식인이었다. 살면서 쌓아온 무수한 앎들을 어떤 방식으로든 풀어놓아야 했다. 다산은 유배기간 동안 대대적인 국가제도 개혁안인『경세유표』와 벼슬아치들의 덕목을 담은『목민심서』등 장장 500권의 저서를 집필했다. 살아서는 결코 빛을 볼 수 없는 책이었고 자기를 위한 희망이 될 수 없는 책이었다. 어쩌면 동백의 끈기에서 힘을 얻어 그의 손이 끝까지 붓을 놓지 않았으리란 생각. 때가 되면 어김없이 살아 돌아오는 봄은 인간에게 유익한 착각을 선물한다.

시인 김영랑(1903~1950)의 고향도 강진이다. 그는 1년의 절반 가까이를 생존할 수 있는 동백을 보며 다음과 같이 노래했다.

> 내 마음의 어딘 듯 한편에 끝없는 강물이 흐르네
> 도쳐 오르는 아침 날빛이 빤질한 은결을 도도네
> 가슴엔 듯 눈엔 듯 또 핏줄엔 듯
> 마음이 도론도론 숨어 있는 곳
> 내 마음의 어딘 듯 한편에 끝없는 강물이 흐르네
> 「동백잎에 빛나는 마음」

근대 자유시 특유의 이물스러운 화법이 눈에 거슬리고 정확히 무엇을 말하려는 것인지도 감이 잡히지 않는다. 그러나 동료의 주검이 땅바닥에 나뒹구는 위로 화사하게 만발하는 동백의 뻔뻔한 생태를 관찰하고 나면, 왜 마음에 끝없는 강물이 흐른다고 했는지 희미하게나마 짐작이 된다. 존재의 영속성.

동백은 꽃이 피었을 때와 떨어질 때를 함께 보아야 제맛이라고 한다. 동백은 꽃이 붉디붉어 더 이상 아름다울 수 없다고 여겨질 때 마치 목이 부러지듯 송이째로 낙화한다. 좀 더 살고 싶었다는 몸짓인지 죽기만을 기다렸다는 몸짓인지 도통 알 수가 없다. 다시 봄이다. 달아났던 입맛을 되찾았고 감기는 가쁜하게 치러줬다. 새로 시작하는 연인들과 그들을 노리는 이런저런 상혼(商魂)이 거리에 넘쳐날 것이다. 눈을 뜬 채 죽어 있는 동백은 또 어떤 나무에서 재생을 준비할까, 아니면 강요받을까.

고령
반룡사의
대나무

나무여도 괜찮고
풀이어도 괜찮은

대나무는 원칙적으로 풀이다. 특정 식물이 나무로 규정되려면 목질부를 지녀야 한다는 게 학계의 정의다. 수관, 체관, 나이테 등이 구비된 통상적인 나무의 몸통 말이다. 대나무는 이 같은 목질부가 텅 비어있다. 식물학적 갈래도 외떡잎식물 벼목 화본(禾本)과, 벼의 일종이란 이야기다. 열대 지역에서 잘 자라는 대나무는 특히 한반도와 같은 아시아의 계절풍 지대에 흔하다. 대나무가 북방으로 이식될 때 중국의 남방 발음이 이름으로 함께 흘러 들어왔다. '竹'의 남방 고음(古音)은 '덱'. 끝소리 'ㄱ'이 약화되면서 한국에서는 '대'로 변천했고 일본에서는 두 음절로 나뉘어 '다케'가 됐다. 선인(先人)들은 혹은 선인(善人)들은 대나무의 극성스러운 직선의 형태에서 지조와 결기의 은유를 발명했다. 대나무처럼 부러질지언정 결코 구부러지지는 않겠다고 버티다 기어코 부러졌다.

고령 반룡사에도 대밭이 흐드러졌다. 지장전이 놓인 석축 오른편으로 3,300제곱미터(1000평) 넓이에 높이 10미터를 훌쩍 넘는 대나무가 빽빽하게 도열했다. 최대 30미터까지 자라는 운명을 감안하면 아직 성에 안 찰 신장이다. 조선 영조 재위 시인 1760년대에 쌓은 석축은 조만간 문화재로 등록될 예정이다. 시멘트가 아닌 흙으로 화강암 사이사이를 촘촘하게 다진 고풍스러운 교직은 대밭에 이르러 좀 더 직선의 원형에 다가간다. 양감도 한결 풍성해진다. 2월 말. 반룡사의 대나무는 겨울의 문턱에서 미처 빠져나오지 못한 미숭산에서 유일한 녹색으로 살아 숨쉰다. 대숲의 끝자락에선 전통양식의 해우소를 마주친다. 통나무를 뭉텅뭉텅 잘라 엮은 해우소의 갈색과, 대숲의 날카롭고 반듯한 푸른빛이 뒤엉키면 시간이 사라진다. 21세기여도 11세기여도 선사(先史)여도 상관없는 아득한 평화를 만난다.

고령 반룡사에도 대밭이 흐드러졌다.
지장전이 놓인 석축 오른편으로 3,300제곱미터(1000평) 넓이에 높이 10미터를 훌쩍 넘는 대나무가 빽빽하게 도열했다.

    반룡사가 자리한 미숭산은 흡사 산들의 성지다. 미숭산을 중심으로 백두대간의 각종 줄기가 연꽃처럼 휩싸고 있는 형국이다. 서북으로는 덕유산, 가야산, 수도산, 두모산, 오도산, 동남으로는 비슬산, 화왕산, 관주산, 영축산이 겹겹으로 원을 그리며 끌어안았다. 가야산 해인사의 홍류동 계곡과 성주의 대가천계곡이 반룡사 앞 회천에서 만나고 회천은 다시 낙동강으로 흐른다. 낙동강은 팔만대장경이 해인사로 들어가던 관문이었고 회천 바로 아래쪽에 위치한 개경포는 대장경의 중간 선적지였다. 결국 회천도 성보(聖寶)의 이송에 일정하게 조력했을 것으로 여겨지는 물길이다. '이적'도 경험할 수 있다. 미숭산의 고도는 775미터이고 반룡사는 500미터 남짓이다. 그럼에도 절에서 정면으로 바라보면 해발 1000미터의 비슬산이 한참 아래로 보인다. 반룡사 주지 법륜 스님은 연전에 어느 무명의 향토사학자로부터 절이 선 땅이 제왕지지(帝王之地)라는 평가를 들었다.

임금이 태어날 만한 최고의 길지임을 입증하는 또 하나의 신이(神異)는 안개다. 반룡(盤龍)이란 이름은 용의 기운이 서려 있다 해서 붙여졌다. 자고로 용이 드나드는 곳은 안개가 짙다고 했다. 그러나 반룡사 주변은 언제나 쾌청했고 주지 스님은 까닭모를 이설을 무감하게 넘기고 말았다. 그러던 중 새벽 무렵 아침을 먹기 위해 공양채로 올라가다가 급기야 전설을 맞닥뜨렸다. 전설은 불처럼 살아있었다. 두껍고 묵직한 운무의 바다는 산을 주저앉힐 만한 기세였다. 허옇게 질린 산하는 과연 반룡이었다.

명당이란 성공하고 싶다는 인간의 욕망이 결집되고 극화돼 땅에 이입된 것이다. 고려의 전기와 후기를 가를 만큼 역사적으로 중요한 무신의 난으로 인해 불교계도 홍역을 치렀다. 무신정권이 성립되기 전 불교계의 주류는 왕실과 귀족에 밀착한 교종이었다. 무신들의 득세로 힘을 잃은 교종은 잔존한 구세력과 결탁해 군부에 극렬하게 저항했다. 반면 군부의 외호에 힘입어 새로운 주류로 부상한 선종은 전국 각지에서 신앙결사 운동을 전개하며 실천불교를 주창했다. 대표적인 것이 보조국사 지눌(知訥)의 정혜결사로 고려 중기 조계종의 기원이다. 반룡사에도 요일(寥一)이 이끄는 결사가 활동했다. 그는 명종의 숙부로 교단 최고 권위인 승통(僧統)을 지냈다. 다른 것은 이들의 경우 무신정권 이전 교단의 기득권을 쥐었던 화엄종 계열이었다는 점이다. 결사는 진보와 보수를 막론하고 신라시대부터 이어온 전통이었다. 일상 속에서 불교를 구현한다는 취지의 결사는 상당수 붕당의 개념으로 변질됐다. 염불을 위주로 개인적 왕생을 빌었고, 종교적 독립성과 윤리성으로부터 조금씩 괴리됐다. 어쩌면 명당의 본원적 기능에 매우 가까이 근접한 것일 수도 있겠다.

미숭은 고려 말을 살았던 이미숭(李美崇) 장군을 기린다는 뜻이다. 미숭산의 용을 이용해 고려의 국통을 되살리려다 끝내 좌절한 인물이다. 1346년 여주 이씨 집안에서 태어난 그는 몇 차례의 전공으로 정4품까지 올랐다. 이성계의 신왕조에 반기를 들고 수하를 규합해 저항에 돌입했다. 처음에는 충청도 예산과 강경에서 싸우다가 남하하여 경상도 금릉과 성산에서 싸웠다. 패퇴와 패퇴 끝에 고령과 합천의 접경지역인 상원산(上元山)에 들어가 배수진을 쳤다. 성을 쌓고 군사를 조련해 후일을 도모했지만 대세는 이미 전주 이씨의 천하로 굳어진 뒤였다. 어쩔 수 없이 울분을 참고 거사를 포기했으며 산중에 은거하며 천수(天壽)를 마쳤다. 그가 죽은 후 세인들은 충의를 추모하기 위해 상원산을 미숭산이라고 불렀다. 갑검릉(甲劍陵), 주마대(走馬臺), 순사암(殉死巖) 등의 지명에 칼을 빼보지도 못한 채 녹슬어버린 무(武)가 묻어난다.

이미숭의 고종명(考終命)은 자연인의 입장에서 보면 축복이지만 충신의 입장에선 변절이다. 대나무가 잘 부러지는 이유는 속이 비었기 때문이다. 별달리 가진 것도 아는 것도 없으니, 부러져도 뭐 하나 아쉬울 것 없는 중생들이다. 우후죽순(雨後竹筍). 비만 한번 와줘도 주위를 제 몸으로 온통 물들이는 엄청난 생장속도. 다른 기관에 영양분을 공급할 필요 없이 오로지 외양을 키우는 데만 힘을 쏟으면 되는 운명의 증거다. 사람들은 목숨보다 중한 신념을 지킨다는 명목으로 죽음을 불사한다. 정작 대나무의 속성은 인간의 기대와 달리 천박하기 그지없다.

몸을 넘치고 분을 넘치는 명분에의 집착. 대나무를 본받은 죽음이라면 대나무가 얼마나 황당하고 미안하게 생각할까 싶다. 산중에 가면 마치 구렁이가 기어오르는 듯 기괴한 모습으로 자라난 소나무를

반룡사가 자리한 미숭산은 흡사 산들의 성지다. 미숭산을 중심으로 백두대간의 각종 줄기가 연꽃처럼 휘벌고 있는 형국이다.

심심찮게 볼 수 있다. 속이 꽉 찬 소나무가 자신이 가진 속을 잃지 않기 위해 벌이는 그악스러운 몸짓, 어떻게든 살아남으려 발버둥치다 저도 모르게 만들어낸 아름다운 골곡일 것이다. 사시사철 푸른 잎을 소유할 수 있는 연원도 지독한 생명에의 열정 덕분이란 생각. 삶의 형태는 극단적으로 딴판이지만 대나무와 소나무는 모두 절개의 상징으로 칭송받는다. 눈부신 오해다.

인간이 자연을 자의적으로 재단해 놓은 '칙(則)'의 영역에서, 송죽은 되바라지거나 멍청한 구석을 들키고 마는 허술한 가치들이다. 그러나 세상에 완벽한 삼각형은 실제로 존재하지 않듯, 삼라만상의 모서리를 죄다 포섭할 수 있는 잣대란 없다. '물(物)'의 영역에서 보면 남김없이 똑같고 동등하다. 이러저러하게 태어나 이러저러하게 살다가 이러저러하게 죽는 생명일 뿐. 돌처럼 바람처럼 사람처럼. 대나무는 좀처럼 꽃을 피우지 않는다. 하지만 한번 피면 대밭의 모든 나무가 일제히 몸속에서 꽃을 끌어 올려 내뿜는다. 그것은 영양분을 전부 소모한 결과이므로 대나무는 이내 말라 죽는다. 나무여도 괜찮고 풀이어도 괜찮은 물물(物物)의 장렬한 떼죽음.

남양주
묘적사의
연못

검어서
푸근하고
작아서 놀라웠다

처염상정(處染常淨)은 오래된 가치다. 진흙탕에서만 꽃을 피우는 연(蓮)을 기리는 말이다. 오탁악세(汚濁惡世)에서도 선연한 청정함을 유지하는 연은 예로부터 보살의 꽃, 군자의 꽃이라 불렸다. 모든 더러움에서 벗어났다는 이제염오(離諸染汚), 꽃잎에 일절 오물이 묻지 않는다는 불여악구(不與惡俱)…. 순일한 윤리의 상징엔 수많은 수사가 붙었다. 낡고 썩은 세상에서 혼자 잘 살고 있는 연꽃을 보면 어떤 열등감을 느낀다.

세상과 결탁하지 않고서도 속세의 영예를 독차지할 수 있는 기술 때문이다. 그의 생태란 것도 여느 생명과 마찬가지로 고단하고 치졸한 밥벌이일진대, 삶의 비루한 이면을 좀체 들키지 않는다. 그걸 지적하는 사람은 극히 드물다. 하기야 트집을 잡기엔 겉모양이 너무 아름답다. 그래도 눈에 속기 시작하면 눈이 멀어도 모르는 법이다. 세상과 명확하게 선을 긋고 사는 인생이, 과연 닮아야 할 귀감인지는 좀 더 생각해볼 일이다. 눈여겨볼 것은 진흙은 연꽃을 연꽃답게 해주는 충실한 조연이라는 점이다. 차라리 온갖 잡것들을 부둥켜안고 사는 연못이 더 정겹다. 그는 살면서 저지른 죄들을 아무나 볼 수 있도록 방치한다. 그의 악취는 정직하다.

연이 자라는 물은 어둡고 탁하다. 연못을 소재로 한 전설은 대개 위험이나 흉조를 겨냥하고 있다. 바닥이 보이지 않는 불운과 슬픔을 이야기한다. 낙동강의 발원지인 황지연못은 황부자의 패망과 연결돼 있다. 단순한 줄거리다. 소문난 구두쇠였던 그에게 노승이 찾아와 시주를 청했다. 그는 스님의 발우에 밥 대신 똥을 푸지게 담아주었다. 며느리가 나서 시아버지 몰래 노승을 공양했다. 쌀을 얻은 노승은 다음과 같은 말로 보답했다. '이 집안의 운이 다해 곧 큰 변고가 있을 터이니 살려거든 나를 따라 오시오.' 며느리는 아들을 업은 채 스님을 따랐다. 그러나 뒤에서 뇌성벽력이 쳐도 절대 돌아보지 말라는 충고를 어기는 바람에 걷다가, 돌이 되어버렸다. 황 부자는 이무기가 되어 자신의 저택이 무너진 자리에 생긴 연못에서 살았다. 황지연못은 악(惡)의 쓸쓸한 말로를 가르치고 있다.

연못은 풍수학의 산물이다. 땅의 기를 보완하고 국가의 안위를 기원하는 역할을 했다. 전문용어로 비보(裨補) 풍수라 한다. 불상을 앉히고 불탑을 세우는 일도 비단 종교의 영역에 국한된 행위가 아니었다. 사람이 아플 때 침을 꽂거나 뜸을 놓는 것처럼 땅에도 침을 꽂거나 뜸을 놓은 셈이다. 연못이나 장승도 예외가 아니었다. 땅의 기력

묘적사는 신라 문무왕 시절 창건됐다고 전한다. 아쉽게도 아무런 기록이나 유물이 뒷받침되지 않은 풍문일 뿐이다.

이 흥하면 그 은덕이 인간에게까지 미칠 것이라 믿었다. 기도 영험의 극대화를 위해 사찰 경내에 연못을 파는 일도 엇비슷한 맥락이다.

묘적사 연못의 나이는 40세 안팎이다. 1971년 대웅전과 요사가 중건되고 1976년 관음전이 새로 섰는데 연못의 조성은 이 무렵으로 짐작된다. 해가 갈수록 더러워져 올봄에 깔끔하게 손을 봤다. 연꽃은 볼 수 없고 군데군데 연잎이 떠다닐 뿐이다. 연꽃 대신 돌부처님이 가운데 정좌했다. 연못에 비친 세상은 어둡지만 은은했다. 색이 선명한 연꽃이 피었다면 오히려 상했을 풍경이다.

묘적사는 신라 문무왕 시절 창건됐다고 전한다. 아쉽게도 아무런 기록이나 유물이 뒷받침되지 않은 풍문일 뿐이다. 다만 조선 성종 때 편찬된 『신증동국여지승람』 권11에 양주목(楊洲目) 「불우조(佛宇條)」가 세조 재위 시의 묘적사를 언급하고 있다. 국왕 직속의 비밀기구가 설치됐던 곳이다. 왕실을 보호하는 경호요원 양성소였다는 설인데 장정들을 승려로 위장해 군사훈련을 시켰다는 것이다. 사명 대사가 임진왜란 당시 승군을 훈련시켰던 공간이기도 하다. 임진왜란과 병자호란 양난을 치른 뒤에는 승려들이 무과(武科) 시험을 준비하는 훈련장으로 쓰였다. 절 앞 동쪽 공터에서 화살촉이 자주 출토됐다. 이후 경내에 민간인의 무덤이 들어설 정도로 폐사됐다가 1895년 규오(圭旿) 스님이 산신각을 중수하며 절을 일으켰다. 대웅전 앞 팔각칠층석탑은 남양주시 향토유적 제1호다.

『벽암록(碧巖錄)』의 제21칙은 연꽃에 관한 선문답이다. 지문연화(智門蓮花). 본칙(本則)은 다음과 같다. 지문광조(智門光祚) 선사에게 어떤 스님이 물었다. "연꽃이 물속에서 아직 피지 않았을 때는 무엇입니까?" 선사가 대답했다. "연꽃이다." "그렇다면 물 밖으로 튀어나와 꽃이 피었을 때는 무엇입니까?" "연잎이다." 연꽃은 불성(佛性)의 비유다. 모든 중생은 불성을 갖고 있다. 하지만 번뇌와 미혹에 가려 불성의 유무를 확인하지 못한다. 그러나 물속에 숨어 있는 연꽃과 같이 불성은 눈에 보이지 않지만 확실히 존재하는 것이다.

　　여기까지는 그다지 어려운 설명이 아니다. 문제는 그 다음이다. 연이 물 위에서 꽃을 피웠다면 누구나 그것이 연꽃임을 분명하게 알아챈다. 그리고 쉽게 연꽃이라고 말한다. 하지만 지문 선사는 뜻밖으로 연잎이라고 명명하며 통념을 깼다. 물 안에 잠겼을 때나 물 밖으로 나왔을 때나 연꽃은 똑같이 연꽃이다. 더불어 연잎이 없는 연꽃은 존재할 수 없다. 연꽃과 연잎은 한 몸이다. 결국 선사의 '판청'은 상황에 따라 다르게 분별하고 편견을 갖는 중생심에 내리는 경책이다. 언어로 표현하는 진실은 언제나 빗나간다.

　　본칙의 핵심을 설명하는 수시(垂示)는 다음과 같이 이르고 있다. "법의 깃발을 세우고 종지를 내세우는 일은 비단 위에 꽃을 펴놓는 것과 같다. 굴레를 벗어던지고 짐을 내려놓으면 그야말로 호시절이다. 만약 격 밖의 한 마디를 터득했다면 하나를 드러내도 셋을 알 것이니 그렇지 못하다면 옛 사람의 공안(公案)에 따라 그 언행을 새겨들어야 할 것이다."

　　조사선의 테마는 즉불(卽佛)이다. 선사들은 '중생심이 불심이고 불심이 중생심' 임을 언제 어디서나 강조했다. 즐겁고 괴롭고 달갑고 역겨운 마음의 갖은 작용들이 불성의 발현이요 번뇌와 엮이지 않은 깨달음은 위선이라고 타일렀다. 낮고 헐한 마음도 마음이요 높고 성한 마음도 마음이다. 자기를 바로 보면 부처가 보인다. 끊임없이 욕심내고 분노하고 고민하던 불안한 마음의 길이 사실은 부처가 걸었던 길과 다르지 않았음을. 최소한 그때 그곳에서만큼은 그것이 최선의 길이었음을 말이다. 불이(不異)요 불이(不二)다. 연꽃과 연잎의 관계에

연못은 풍수학의 산물이다.
땅의 기를 보완하고 국가의
안위를 기원하는 역할을 했다.

깃든 불이는 연꽃과 진흙의 관계로도 확장된다.

　석두희천 선사의 생각도 이와 다르지 않았다. '밝음 가운데 어둠이 있거든 밝음으로써 만나려 하지 말고 어둠 가운데 밝음이 있거든 어둠으로써 보려 하지 말라. 밝음과 어둠이 상대됨은 마치 앞뒤의 발걸음 같은 것(當明中有暗 勿以明相遇 當暗中有明 勿以暗相覩 明暗各相對 譬如前後步).' 묘적(妙寂). 어둠도 빛이다. 묘적사의 연못은 검어서 푸근하고 작아서 놀라웠다.

함양
벽송사의
미인송

넘어질 듯
넘어지지 않는 삶처럼

비가 내렸다. 비는 묵직했다. 성난 물들은 하늘을 조금씩 끌어내렸다. 허공은 젖으면서 엉망이 됐다. 하늘은 땅의 자리를 가로챘고 땅은 살점이 뜯긴 채 더 낮은 곳으로 밀려났다. 발밑이었다. 검은 풍경은 내 몸속으로 들어와 비를 피했다. 불편했지만 어쩔 수 없었다. 혼자였다. 그래도 사람 사이에 빗발치는 불운에 비하면 이 고통은 너무 단순하다. 기가 한껏 오른 물들은 숲을 사이좋게 갈라먹었고, 투명한 빗금의 틈에 끼어 시간이 너덜거렸다. 물줄기의 한쪽은 내가, 다른 한쪽은 천지(天地)가 잡고 같이 걸었다.

벽송사(碧松寺)는 하늘이 간택한 절이다. 절이 기댄 땅은 청학포란형(靑鶴抱卵形)의 풍수다. 지리산 천왕봉을 정점으로 중봉과 하봉을 거친 두류봉 밑에 자리했다. 갈고리 모양으로 굽은 산맥이며 절은 갈고리 안쪽에 안긴 형세다. 예로부터 이를 본 지관(地官)들은 '푸른 학이 알을 품고 있는 것과 같다'며 좋아했다. 첩첩산중 안에 박힌 절, 그러니까 '연꽃이 활짝 핀 모양새와도 같다'며 부용만개형(芙蓉滿開形)이라 부르기도 했다.

명당은 깊었고 길은 박했다. 그러나 간만에 사람이 들면 그는 부처가 되어 하산했다. 길한 땅의 신세를 진 납자(衲子)들은 깨달음으로 하늘에 보답했다. 벽송지엄(碧松智嚴, 1464~1534) 선사 이후 청허휴정 환성지안 등 108명의 스님이 여기서 견성대오했다는 전설. 놀라긴 이르다. 깨달을 사람은 아직도 892명이나 남았다. 벽송사 선원은 지금 하안거(夏安居) 중이다.

벽송사 대웅전 위쪽 공터엔 1000년 묵은 소나무가 자란다. 이른바 도인송(道人松)이다. 나이에 걸맞은 굵고 반듯한 줄기에 잎들은 원뿔 모양으로 뭉쳤다. 어느 노승이 주장자를 심었고 그게 소나무로 승화했다는 이야기가 여태껏 구전된다. 그는 500년 뒤에 다시 돌아오겠다고 공언한 뒤 열반했다. 귀환한 시기는 아마도 1520년 무렵일 것이다. 도를 깨친 벽송지엄 선사가 사찰을 창건했다고 전하는 해다.

벽송지엄은 함양 산골에 선지식이 산다는 소문을 듣고 물어물어 찾아갔다. 벽계정심(碧溪正心, ?~?) 선사다. 그는 조선조 강제 환속을 피해 쫓겨 다니던 신세였다. 일찍이 명나라로 유학, 임제종 총통(摠統) 화상에게서 법을 계승한 뒤 고려 마지막 임금인 공양왕 재위 시 귀국했다. 나라의 주인이 바뀌면서 고승이란 신분은 그 자체로 중죄가 됐다. 조선 3대 임금 태종대의 대대적인 검거작전 탓에 김천 직지사에서 은거했다. 발각되자 지리산까지 도망쳤다. 움막을 짓고 광주리를 팔아 생계를 이었다. 벽송은 벽계를 시봉하며 꼬박 3년을 살았다.

그는 스승이 진정 깨달았다면 언젠가는 번뜩이는 무언가를 보여 주리라 확신했다. 그러나 스승은 선기(禪氣)를 단 한 번도 내비치지 않았다. 밤에 잠깐 좌선을 한다는 점을 제외하곤 지루하고 허접한 장삼이사의 삶 그대로였다. 낙담한 제자는 성불을 포기한 채 움막을 박차고 나왔다. 입에 무어라도 넣어주어 달래야 할 순간이었다. 개울 위의 징검다리를 건너는데 문득 스승이 자기를 부르는 소리를 들었다. 벽계는 두 팔을 번쩍 쳐들고 목이 터져라 외쳤다. "지엄아아! 법(法) 받아라아아아!"

말 한마디에 오해가 풀렸고 공부도 끝났다. 벽계의 법을 이어받은 벽송은 도인송 밑에 좌선대를 설치했다. 앞으로도 자신 이외에 999명의 부처가 더 나올 것이라 예언했다. 깨달음은 사람의 몸을 바꿔가며 꼬리에 꼬리를 물고 터졌다.

부용영관(芙蓉靈觀, 1485~1571), 경성일선(敬聖一禪, 1488~1568), 청허휴정(淸虛休淨, 1520~1604), 부휴선수(浮休善修, 1543~1615), 송운유정(松雲惟政,

벽송사(碧松寺)는 하늘이 간택한 절이다. 절이 기댄 땅은 청학포란형(靑鶴抱卵形)의 풍수다.

1544~1610), 청매인오(靑梅印悟, 1548~1623), 환성지안(喚惺志安, 1664~1729), 회암정혜(晦庵定慧, 1685~1741), 호암체정(虎岩體淨, 1686~1748), 경암응윤(鏡巖應允, 1743~1804), 서룡상민(瑞龍祥玟, 1814~1890), 초월동조(初月東照, 1878~1944)…. 벽송사는 일명 '백팔조사 행화도량(百八祖師 行化道場)'이다. 108명의 조사가 배출돼 수행과 전법에 몸담은 사찰이란 뜻이다. 가히 한국 선의 조정(祖庭)으로 받드는 까닭을 알 만하다.

청허휴정과 송운유정은 귀에 익은 서산 대사와 사명 대사의 본명이다. 서산 대사는 임진왜란 당시 도총섭으로서 제자 사명 대사와 함께 승병을 지휘했다. 벽송사는 승병 출정식을 거행한 장소이기도 하다.

화엄대강백(華嚴大講伯)으로 명성을 떨치던 환성지안 선사가 절을 크게 중창하면서, 벽송사는 강원과 선방을 동시에 갖춘 보기 드문 절이 됐다. 강원에 100명, 선방에 50명의 스님이 살았다. 엄혹한 억불의 체제에서도 국찰(國刹)의 위세를 유지할 수 있었던 이유는 무공 수훈자에 대한 왕실의 배려일 수도 있겠다. 무엇보다 불사의 주체자였던 환성지안 선사의 됨됨이가 대단했던 것 같다.

스님은 『화엄경』의 대가였으며 선교일치(禪敎一致)의 전통을 확립한 고승으로 평가된다. 1690년 직지사에서 처음으로 화엄법회를 열었는데 그때 나이가 스물일곱 살이었다. 시대를 너무 앞서간 인연이 화근이 된 모양이다. 어느 날 김제 금산사에서 화엄대법회를 열었는데 무려 1400명의 대중이 모였다. 나라 인구가 500만에 불과했던 시대다. 엄청난 숫자에 겁을 먹은 유생들은 법회를 역적모의로 읽어 관헌에 신고했다. 물론 집요한 적개심에서 비롯된 계산된 착오였을 것이다. 옥에 갇힌 스님은 곧 무죄로 판명돼 풀려났다. 그러나 고을을 좌지우지하던 고관(高官)의 입김으로 끝내 제주도로 유배되고 말았다. 스님은 귀양간 지 일주일 만에 입적했다.

미인송(美人松)은 환성지안 선사의 죽음과 사랑이 서린 나무다. 45도 각도로 비스듬히 구부러졌다. 대웅전을 내려다보는 방향으로 서면 미인송이, 도인송을 보호하고 있는 형국이다. 넘어질 듯 넘어지지 않는 미인송은 행여 비를 맞을까 불볕에 탈날까 도인송을 위해 중력을 견디고 섰다. 부용낭자는 남몰래 스님을 연모하던 여자였다. 스승이자 정인(情人)의 억울한 죽음을 접한 그녀는 천년학이 되어 다시 돌아오겠다는 유언을 했다. 벽송사에서 스님의 정령을 수호하겠다는 서약이었다. 그렇게 미인송은 이름과 사연을 얻었다. 미인송의 우듬지 부분은 학이 앉아 있는 형상처럼 생겼다는데, 식별하기가 쉽지 않다.

  비는 그치지 않았다. 비에 젖은 벽송사는 죽음이나 사랑과 같은 극적인 사건과 무관해 보인다. 안개. 얼룩덜룩해진 숲은 허연 숨을 몰아쉬었고 숨 속으로 몸을 감췄다. 눈에 보이는 것이 사라지자 눈은 그다지 쓸모가 없어졌다. 마음이 닫혔고, 편안했다. '머리는 희어져도 마음은 늙지 않는다고 옛 사람들은 일찍이 말했다. 닭 우는 소리 듣는 순간, 장부가 해야 할 일 다 마쳐버렸네(髮白非心白 古人曾漏洩 今聽一聲鷄 丈夫能事畢).' 서산 대사의 오도송이다. 살면서 발 딛는 모든 곳이 비 맞은 벽송사 같다면, 심심할지언정 심각해지지는 않을 것 같다. 슬프지 않고 설레지 않을 테니 말이다. 물먹은 인생들에게 추천할 만하다.

호두의 알맹이는 뇌를 닮았다. 실제로 머리에 좋은 음식이다. 학습능력 강화에 특효인 '오메가3'가 다량 함유됐다. 두개골처럼 딱딱한 껍질에 싸여 있다는 점도 비슷하다. 견과류 가운데서도 가장 먹기가 힘든 열매다. 옛 사람들은 이러한 섭식의 곤란함을 영생과 불멸의 상징으로 여겼다. 페르시아에서 처음 재배된 호두나무는 서양인들에게 오랜 신목(神木)이었다. 고대 그리스인들은 최고의 신인 제우스를 위해 호두를 바쳤다. 그리스를 정복한 로마인들은 제우스를 주피터로 바꿔 불렀고 호두나무는 주피터신의 열매로 추켜세웠다. '글란스 조비스(glans Jovis).' 호두나무의 속명인 '주글란스(Juglans)'의 어원이란다.

  호두는 인간의 알쏭달쏭한 마음에 대한 환유(換喩)로도 쓰였다. 좀처럼 알아내기 어려운 타인의 속내를 점치는 일에 활용됐다. 북유럽에서는 11월 1일 만성절(萬聖節, All Saints' Day)에 청춘 남녀들이 호두를 가지고 애정운을 헤아리는 풍습이 있었다. 몰래 사모하고 있는 정인의 이름을 마음속으로 외우면서 호두를 모닥불 속에 던졌다. 호두가 불길에 터지고 으깨지는 정도에 따라 자신에 대한 상대방의 호감도를 셈했다. 무명(無明)에 휩싸인 불성(佛性)을 비유하는 데에도 적절하리란 생각.

  호두의 한자명은 호도(胡桃)다. 『본초강목』은 "호도는 강호에 나며 한나라 때 장건(張騫)이 서역에 사신으로 갔다가 돌아올 때 종자를 가지고 온 것이다"라고 기록했다. 기원전 90년에서 140년 사이에 일어난 일이다. 기원후 4세기 무렵부터는 직접 재배하기도 했다. 본국이 아닌 모든 나라를 오랑캐로 깎아내리는 것은 중국의 고질적인 오만이다. 그래서 호(胡)라는 글자를 썼다. 결국 호도(胡桃)는 외국에서 건너온 복숭아라는 뜻이 된다. 호두가 국내에 들어온 때는 4세기 말경으로 추정된다. 물론 이설이 많다. 통일신라시대나 고려시대 후기로 보기도 한다. 그리고 전래 시기가 맨 마지막까지 뒤쳐져야 천안 광덕사(廣德寺)의 호두나무가 어깨에 힘을 줄 수 있다.

고려 충렬왕 16년(1290) 9월 원나라에 사신으로 갔던 류청신(柳淸臣, ?~1329)이 귀국했다. 그의 손에는 호두나무의 묘목과 열매가 들려 있었다. 묘목은 광덕사에 심고 열매는 자신의 고향집 뜰에 심었다는 것이 고려시대 전래설의 기원이다. 광덕사 호두나무는 높이 18.2미터의 거목이다. 천연기념물 제398호로 지정돼 보호받고 있다. 천안의 대표적 명물인 호두과자의 시조인 격이다. 안내판은 류청신의 후손과 지역주민들의 노력으로 광덕면 일대에 무려 25만 8000그루의 호두나무가 심겼다고 전한다. 어쩌면 대국에서 수입한 신상품으로 마을 전체가 합심해 크게 사업을 일으켰다고 추측해 볼 수 있는 대목이다. 여하튼 광덕사의 호두나무는 출생의 진실 따윈 잊은 채 무럭무럭 자라났다. 조선 초기에 발간된 『농사직설』은 호두의 재배를 권장하면서 경상도 전라도 강원도가 특산지라고 명시했다. 『목민심서』는 아홉 가지 구황작물의 하나로 저장성이 좋은 호두를 꼽았다. 일부는 야생에서 피기도 해 급기야 남한 전역에 퍼지게 됐다.

광덕사는 천안에서 온양으로 넘어가는 길목인 태화산(泰華山)에 자리했다. 서기 652년 율사 자장(慈藏)이 당나라에서 가져온 불치(佛齒) 1과와 사리 10과, 금은(金銀)으로 새긴 『화엄경』, 『법화경』, 『은중경(恩重經)』 각 2부를 봉안하며 창건한 사찰이다. 조선 세조 재위 시 크게 번

호두는 인간의 알쏭달쏭한 마음에 대한 환유(換喩)로도 쓰였다. 좀처럼 알아내기 어려운 타인의 속내를 점치는 일에 활용됐다.

광덕사 호두나무는 높이 18.20미터의 거목이다. 천연기념물 제398호로 지정돼 보호받고 있다. 천안의 대표적 명물인 호두과자의 시조인 격이다.

창했다. 수많은 정적을 죽이고 내쫓은 뒤 죄책감에 시달리던 세조는 불교에 귀의해 구원(舊怨)과의 화해를 시도했다. 승려의 도성 출입금지를 풀고 경전을 한글로 옮겨 보급했다. 광덕사의 성세도 세조의 적극적인 불교 보호 정책에 힘입은 것이다. 1464년 광덕사에 들렀던 세조는 절에 국토를 떼어주고 역을 면제한다는 명을 내렸다. 절의 무엇에 감동을 받았는지는 알 수 없다. 이후 광덕사는 9개의 금당(金堂)과 89개의 부속암자를 거느린 대찰로 거듭났다. 3층으로 된 천불전(千佛殿)은 전 국민의 구경거리였다. 임진왜란에 당하기 전까지다.

청신(淸臣). 그의 이력은 이름과는 전혀 다른 길을 걸었다. 일찍이 몽골어를 익혀 역관으로서 놀라운 수완을 발휘했다. 그는 본래 천민들이 거주하던 부곡(部曲) 출신이었다. '향, 소, 부곡' 할 때의 그 부곡이다. 부곡민들에겐 아무리 공이 출중해도 5품 이상의 벼슬은 주지 않는 게 국법이었다. 물론 국법 위에는 임금이 있었다. 류청신은 충렬

광덕사는 천안에서 온양으로 넘어가는 길목인 태화산(泰華山)에 자리했다. 서기 652년 율사 자장(慈藏)이 당나라에서 가져온 불치(佛齒) 1과와 사리 10과, 금은(金銀)으로 새긴 「화엄경」, 「법화경」, 「은중경(恩重經)」 각 2부를 봉안하며 창건한 사찰이다.

왕의 총애를 받아 정3품의 대우를 받았다. 장군, 대장군, 밀직승선, 감찰대부와 같은 요직을 두루 거치며 승승장구했다. 대국의 입김으로 언제 퇴출당할지 모를 임금보다, 대국에 확실한 줄을 댄 신하의 신세가 곱절은 나았던 시절이다. 알다시피 몽골은 당시 초강대국이었다. 친미의 시대엔 영어를 잘 해야 성공할 수 있었고 친원의 시대엔 몽골어가 대세였다.

　　개경 환도를 강행하면서 고려의 조정은 원나라의 주구가 되기를 자청했다. 그리고 '팍스 몽골리나'의 세상에서 사직은 평화롭게 죽어갔다. 권신들은 고려가 독립국의 지위를 유지하든 원나라에 속한 일개 성(省)으로 전락하든 괘념치 않았다. 특히 오직 개인의 능력으로 신분의 한계까지 갈아엎었던 류청신이라면, 이기심을 지고의 가치로 삼았을 법하다. 그는 성공의 정점에서 일말의 양심까지 쥐어짜 야망에 쏟아 부었고 끝내 몰락했다. 원나라에 체류하던 심양왕을 고려의 새 국왕으로 옹립하려는 세력에 가담했고, 내정간섭기구인 정동행성의 설치를 건의하는 등 반역을 서슴지 않았다. 하지만 뜻을 이루지 못했고 고국의 보복이 두려워 귀국하지도 못했다. 결국 원나라에서 생을 마감해야 했다. 그는 역신(逆臣)이다. 조국을 짓밟고 일으키려던 자아는 성사되지 않았고 끝내 역사에 짓밟혔다.

류청신의 성공가도는 고향에도 혜택을 입혔다. 그가 살던 고이(高伊) 부곡은 고흥현(高興縣)으로 승격됐다. 지금의 전라남도 고흥군 고흥읍이다. 호두나무의 열매를 묻은 곳이 여기가 아닌가 한다. 신천지의 작물을 이 땅에 이식하며 무슨 생각을 했을까. 금의환향? 환골탈태? 세상을 향한 복수의 징표였을 수도, 차별을 극복해낸 스스로를 위한 건배였을 수도 있겠다. 그러나 대국은 멸한 지 오래고 그의 목숨을 삼킨 산하는 말이 없다.

호두는 가을에 딴다. 9월 하순에서 10월 중순이 최적의 수확시기다. 절을 내방한 날은 9월 8일이다. 광덕사 호두나무에도 열매가 영글었다. 류청신의 전설이 사실이라면 벌써 700번도 넘은 결실이다. 청설모가 이미 상당한 양을 가로챈 뒤여서 몇 점 안 남았다. 호두의 외과피는 녹색이다. 열매를 가지에서 떼어내면 외과피는 썩어 들어간다. 완전히 부패하기 전에 벗겨내면 우리에게 익숙한 갈색의 내과피가 드러난다. 두 겹의 껍질과 속살은 한민족에게 천지인(天地人) 삼재(三才)의 투영으로도 읽혔다. 외과피는 하늘, 내과피는 땅, 과육은 사람을 상징한다. 동서양을 막론하고 길한 열매였던 셈이다. 사람의 머리를 닮고 사람의 머리에 좋은 호두는, 사람의 머리를 사로잡고 사람의 머리 위에 앉았다. 자고로 쉽사리 본심을 들키지 말아야 대접받고 사는 법이다.

춘천
청평사의
고려정원

부처의 얼굴을 했다고
부처인 것은
아니니까

소양호는 육지 안의 바다다. 1973년 소양강댐이 만들어지면서 생긴 인공호수다. 면적과 저수량에서 국내 최대를 자랑한다. 개발이 곧 정의였던 시대를 기억하는 물들은, 주로 인간의 유희를 위해서 이용된다. 소양강댐에서 청평사 국민관광지 사이는 배로 10분이면 가는 거리다. 여객선이 30분 간격으로 운행된다. 배는 낡고 촌스러웠다. 처음 물길을 가뒀을 때 지나다녔을 녀석이 지금껏 고생하고 있다. 모터소리가 터널을 뚫는 수준이다.

선착장에서 30분쯤 걸어야 절에 닿는다. 국민관광지라는 명성답게, 평일인데도 행락객들은 수두룩한 편이었다. 은퇴자와 대학생, 노동으로부터 비교적 자유로운 계층으로 짐작된다. 사람들은 입으로 감자를 부치고 빙어를 튀겼다. 늙은 남녀들이 편을 먹었고 젊은 여자들끼리 뭉쳐서 다녔다. 낮술과 수다가 민물고기를 담아놓은 수조 속에서 부글거렸다. 정적은 길이 아스팔트로부터 해방되는 순간에 정확히 찾아왔다. 완만한 산길이 마음에 들었다. 아홉 가지 소리를 낸다는 구성(九聲) 폭포는 걸작이었다. 뱀을 사랑한 공주라는 해괴한 전설의 장소를 지나면 한층 현실적이었던 공간이 나온다. 이제는 폐허의 면전까지 다다른 현실이다. 영지(影池).

영지는 고려 중기의 문인 이자현(李資玄, 1061~1125)이 조성한 정원의 부속이다. 오봉산의 고명인 경운산(慶雲山)의 그림자가 물 위에 뜬다고 해서 붙은 이름이다. 이자현은 28세에 청평사에 들어와 정원을 만들고 죽을 때까지 거기서 지냈다. 선기어록(禪機語錄), 가송(歌頌), 남유시(南遊詩)와 같은 작품을 썼다. 그의 호는 식암(息庵) 그리고 청평거사(清平居士)다. 식암은 오봉산 정상 부근의 암자로 그가 정원 내에 세운 여덟 곳의 암자 가운데 하나다. 고려정원은 구성폭포에서 시작해 오봉산 정상 부근 식암 언저리까지 약 3킬로미터 구간에 이르렀단다. 양산보의 소쇄원, 윤선도의 부용동보다 훨씬 앞선 계획형 정원이다. 오늘날 고려정원의 원형은 대부분 세월의 풍화에 덮였다. 춘천시에서 최근 복원계획을 꾸리고 있는 모양이다. 영지에서만 옛 풍경의 전모를 희미하게 엿볼 수 있다. 못물은 탁했고 이름모를 부초가 수북하게 자랐다. 단풍이 와주지 않았더라면 가없기만 했을 몰골이다.

정원(庭園)의 사전적 의미는 '집안의 뜰이나 꽃밭' 이다. 결국 집의 안과 밖을 경계로 자연을 갈라야 한다. 인간은 영역을 구분하기 위한 담을 치고, 담의 바깥에 있는 자연과는 사뭇 다른 자연을 창출했다. 특히 서양에서는 안팎의 차이가 큰 것이 미덕이었다. 베르사유 궁전에서 경악하는 이유는, 독보적으로 화려하면서도 독보적으로 폐쇄적인 구조 때문이다. 나르시스의 후예들은 주변 환경을 전혀 고려하지 않은 별세계를 구축함으로써, 사유지의 경계를 확정하고 잘난 신분을 자축했다. 멀리 갈 것도 없이 우리나라 재벌 댁 앞마당만 봐도 쉽게 알 수 있다. 그들의 뜰은 그들의 눈만을 위해 존재한다. 반면 한국의 전통적 정원은 원림에 가깝다. 원림은 정원보다 열린 개념이다. 기존의 삼림을 그대로 조경으로 삼으면서 적절한 위치에 집칸을 세운 것이다. 인간보다 자연을 우위에 둔 구상이다.

원림의 입장에서 정원은 자연의 연장이었다. 담은 성기고 낮았다. 아무리 좁고 하찮은 길이라도 인위적으로 방향을 트는 법이 없었다. 건물은 주로 외진 모퉁이에 세워 숲의 비위를 건드리지 않았다. 나만이 아닌 모두를 유혹하고 모두를 허락하는 공간이었다. 고려정원이 종적을 감춘 까닭 역시 고의적인 훼손 때문은 아닐 것이다. 본래 인간이 간섭한 자취가 적었기에 특별히 사라질 만한 것도 없었으리란 생각.

오봉산 아래 위치한 청평사

스물여덟. 속세에서 뭐 하나라도 더 빼먹으려고 앙탈을 부릴 나이다. 그럼에도 이자현은 체념과 도피를 택했다. 정치적 실각은 아닌 것으로 보인다. 이자현은 그 유명한 이자겸(李資謙, ?~1126)의 동생이었다. 그가 청평사에 은거한 때는 1089년. 이자겸의 난이 일어나려면 37년이나 기다려야 한다. 형의 반란 실패로 몰락하기까지 이자현의 가문은 근 100년간 국권을 쥐고 흔들었다. 왕실과 권문세가에 거미줄

고려정원의 시작으로 알려진 고성폭포

처럼 맺어놓은 혼맥 덕분이다. 결국 자의적인 결단에 따른 은거였을 것이다. 문종 때 문과에 급제해 대서승(大暑承)까지 올랐으나 돌연 벼슬을 박차고 춘천행을 결심했다. 이자현은 외모가 출중하고 총명하며 게다가 청렴하기까지 한 '엄친아'였다. 평소 그를 아꼈던 예종은 친히 조서를 써서 복귀를 간청했지만, 그는 다음과 같은 표문(表文)으로 정중히 물렸다.

새의 즐거움은 깊은 숲 속에 있고, 물고기의 즐거움은 깊은 물에 있다.
물고기가 물을 사랑한다고 해서 새까지 깊은 못으로 옮겨서는 안 된다.
새가 숲을 사랑함을 가지고 물고기마저 깊은 숲으로 옮겨서도 안 된다.
새로써 새를 길러 숲 속의 즐거움에 내맡겨두고,
물고기를 보고 물고기를 알아 강호의 즐거움을 제멋대로 하도록 놓아두어,
한 물건이라도 있어야 할 곳을 잃지 않게 하고,
모든 것이 제각기 마땅함을 얻도록 해야 한다.

鳥樂在於深林 魚樂在於深水 不可以魚之愛水 徒鳥於深淵 不可以鳥之愛林, 徒魚於深藪 以鳥養鳥 任之於林藪之娛 觀魚知魚, 縱之於江湖之樂, 使一物不失其所, 群情各得其宜

일언반구를 불허하는 절창이다. 자신의 본분은 산인(山人)이며 그것은 임금도 어찌지 못할 권리라고 점잖게 꾸짖고 있다. 이자현은 이후 청평사에서 머리를 깎지 않은 선사로 살았다. 물론 암자를 짓고 정원을 꾸민 것을 보면 얼마간의 돈줄은 끊지 않고 놔뒀던 듯하다. 어쨌거나 재벌 2세가 산 속에 파묻혀 글이나 쓰고 살겠다고 한 것과 마찬가지다. '계급이 의식을 규정한다'는 칼 마르크스의 콧대를 꺾는 반전이다. 그나마 세상에 이런 일탈이 있어 속이 트인다. 사정이 이러하니 저승의 이자현이 고려정원의 몰락을 아쉬워할 일은 없을 것 같다. 모든 정원은 본래 폐허였으니까. 부처의 얼굴을 했다고 부처인 것은 아니니까. 구성폭포 아래로 낙엽이 흐드러졌다. 다시 가을이 왔고 만물은 어김없이 썩을 준비를 한다.

'Stat Rosa Pristina Nomine, Nomina Nuda Tenemus(지난날의 장미는 이제 그 이름뿐, 우리에게 남은 것은 그 덧없는 이름뿐).' 움베르토 에코가 쓴 베스트셀러『장미의 이름』의 마지막 구절이다. 존재는 이름을 통해 기억되고 회자된다. '장엄한 수도원과 모든 기독교의 자부심이던 장서관'도 '종교와 권력, 정통과 이단, 이성과 광신 등 한 시대를 이끌어가는 이데올로기'도 필경 남는 것은 이름뿐이다. 존재가 사라지더라도 그것의 이름을 통해 존재의 생존을 확인할 수 있고 값어치를 견줄 수 있다. 이름은 무상(無常)의 섭리를 견디게 한다.

　　모든 사라지는 것들은 이름을 남긴다. 사실 이름 밖에 남길 수 있는 게 없다. 생명은 엄혹한 시간의 순환성 앞에서 끝내는 완전히 발가벗겨지고 내몰린다. 결국 살아있음을 보호하고 살았다는 것을 자위하기 위해 끊임없이 이름을 새기고 전하는 데 골몰한다. 이름은 존재의 신세와는 관계없이 움직이며 존재를 미화하는 기능을 갖는다. 어느 노인의 화풀이로 불타버린 숭례문을 다시 짓는다 해도 예전의 숭례문은 돌아오지 못한다. 그러나 사람들은 계속해서 숭례문이라고 부를 것이다. 숭례문이 숭례문으로 연명할 수 있는 이유는 숭례문이라는 이름 때문이다. 아픈 과거는 이름 뒤에 숨기면 그만이다.

　　진주 응석사(凝石寺)는 집현산(集賢山) 등산로의 첫 번째 거점이다. 신라 진흥왕 15년(554) '연기(緣起)'라는 이름의 스님이 세웠다고 전한다. 스님은 지리산 화엄사를 중창하고 화엄학을 널리 선양한 학승이다. 흥덕 연기사, 나주 운흥사, 구례 천은사, 산청 대원사도 당신의 작품이다. 그런데 불지사가 펴낸『선학사전』에 따르면 스님은 경덕왕 때 사람이다. 스님의 주재 하에 편찬된 백지묵서『대방광불화엄경(白紙墨書 大方光佛華嚴經)』은 경덕왕 13년에 완성됐다. 서기 754년으로 응석사가 창건됐다는 해로부터 정확히 200년 뒤다. 사실 관계가 어긋난다. 경남 서부에서 가장 오래된 1500년의 역사를 지녔다는 설에 금이 가는 대목이다. 물론 고찰인 것은 분명하다. 지공, 나옹, 무학 등 여말 선초의 3대 화상이 주석했고 임진왜란 당시엔 경상남도 승병의 본거지였다. 왜군이 몰려들었고 격전지로 변한 사찰은 폐허가 됐다. 얄궂게도 죽음으로 증명되는 번영이다. 전란은 사찰의 기원에 관한 갑론을박을 부질없는 수다로 전락시켰다. 이후 뜻있는 불자들이 차근차근 절을 추슬렀다. 어느 스님은 불상을 조성하고 어느 변호사는 땅을 매입했다. 사찰이 전화에 사라졌을 때에도, 십시일반으로 복원됐을 때에도 응석사는 응석사였다. 이름은 이처럼 죽은 것을 살린다. 죽은 것을 숨기는 데 능하기 때문이다.

응석사 무환자나무는 경상남도 기념물 제96호다. 수령은 250년 남짓. 사찰의 재생을 먼발치에서 묵묵히 지켜봤을 만한 생명이다. 무환자(無患子). 근심과 고통을 없애주는 열매란다. 고대 중국의 어느 신통한 무당이 무환자나무로 몽둥이를 만들어 귀신을 때려눕히면서, 나무는 명성을 얻었다. '이걸 먹으면 늙지 않고 오래 살 수 있으며 전염병을 예방할 수 있다. 집안에도 바람 잘 날 많을 것이다.' 신라 말 도선 국사의 비전(秘傳)이 퍼지면서 국내에도 대거 수입됐다. 생장에 알맞은 남녘의 민간에 주로 유통됐다. 경상도와 전라도, 제주도 등지의 절에 많이 심었다. 껍질을 까면 검은 콩같이 생긴 종자가 나온다. 매끈한 질감에 지름은 15~20밀리미터. 이것들을 햇볕에 말린 뒤에 구멍을 내고 꿰어서 염주로 만들었다. 염주나무 또는 보리수라는 별명을 갖게 된 까닭이다.

해탈은 못 해도 최소한 건강은 챙길 수 있다는 믿음의 이입일 것이다. 높이는 15미터, 성인의 가슴높이에서 잰 둘레는 2.15미터다.

운식사 입구에는 '마음의 집'과
불맛이 좋기로 유명한 '무지개
샘' 등이 있다.

벌어진 가지의 폭은 동서로 15.1미터, 남북으로 15.5미터에 달한다. 으레 1년에 한 말 가량의 열매를 수확할 수 있지만 올해는 눈에 띄게 흉작이었다. 나무는 대웅전 뒤편에서 쓸쓸한 독거노인의 모습으로 살고 있다. 지지대의 도움으로 겨우 와병을 면한다. 이미 겨울이 온몸을 질탕하게 훑고 갔다. 거칠고 여윈 가지는 시퍼렇게 살아 있는 하늘을 콕콕 찔렀다. 너도 한번 당해보라는, 발악 같다. 앞으로 서너 달은 이런 신세로 지내야 한다. 나무의 이름이라도 되새겨줘야 나무는 불행을 덜 판이다.

  나무는 이름만 거창한 젬병은 아니다. 옛 의서(醫書)에 따르면 나무는 영험과 효능의 결정체다. 인간은 나무에서 이런저런 쓸모를 뽑아 자신들의 환란을 피하고 결핍을 메웠다. 무환자의 껍질은 비누가 없던 시절 빨래를 하고 머리를 감는 데 썼다. 비누 거품을 내는 사포닌이 다량 함유된 덕분이다. 늦가을에 따낸 껍질의 색깔은 그 옛날

'다이알' 비누처럼 노랗다. 윤기가 나고 약간 쭈글쭈글한 편이다. 무환자는 특히 약으로 쓰일 때 돋보였다. 쓴 맛이 나고 약간의 독성이 배인 종자는 감기 증상을 재우는 데 탁월하다. 열을 내리고 기침과 가래를 없앤다. 지혈에도 좋다. 『생초약성비요(生草藥性備要)』는 "구워먹으면 기생충과 노폐물을 제거할 수 있다"고 했고 "달여서 고약을 만들어 쓰면 풍사(風邪)를 몰아내고 부기를 가라앉히며 독을 배출한다"고 했다. 『광서중초약(廣西中草藥)』은 "태워서 그 재를 가루 낸 뒤 인후에 불어 넣으면 쉰 목소리를 치료한다"고 했다. 나무의 뿌리는 독사에게

물렸을 때 요긴하다. 20~30그램 정도를 떼어내 달여서 복용한다. 달인 물에 양치질을 해도 괜찮다. 경련성의 기침이 특징인 유아 전염병 '백일해(百日咳)'를 다스릴 때에도 '무환'의 위력이 드러난다. 이외에도 치통, 위통, 동통, 산통, 질염, 식체, 구취, 편도선염, 디프테리아…. 거의 모든 속병에 관여한다고 해도 무방할 정도다.

  염주를 만들어 지니고 다니면 사찰이 흥하고 백성이 편하다는 전설이 괜히 나온 게 아닌 셈이다. 나무로 목침을 만들어 베는 민속은, 자고 있는 사람의 혼을 가로채가는 악마를 혼내주겠다는 의지의 표현이다. 나무를 태우기도 하는데 불붙은 나무에서 스며 나오는 묘한 향기가 사기(邪氣)를 쫓는다고 믿었다. 이렇듯 나무는 곯고 삭고 그인 민중의 삶 구석구석에 이용됐다. 사람들은 제 몸을 위해 나무의 온몸을 우려먹었다. 결국 '무환자'라는 찬사는 몽땅 털어먹은 뒤에 던져준 개평과 같은 것이다.

  한 개의 관념적인 선은 아흔아홉 개의 현실적인 악 때문에 빛을 발한다. 이름은 현실을 포장할 뿐 설명해주지 못한다. 하긴 어차피 사람은 삶을 알기 위해 이름을 구하지 않는다. 대부분 삶을 누리기 위해 그럴듯한 이름을 찾아 떠나고 싸운다. 겨울 하늘 아래 모든 것들은 이름만 남는다. 나무는 꽃을 피우지 못하고 물은 흐르지 않는다. 물질과 작용을 상실한 숲은 그래도 밉상으로 느껴지지 않는다. 잃었다고 하소연할 입을 가지지 않은 덕분이다. 이름이 불필요한 것들은 언제나 이렇듯 순하다.

함안
장춘사의
불두화

자연을 약탈한
공간의 크기가
곧 문명의 수준이다

　장춘(長春)이라 해서 봄이 긴 줄 알았다. 애당초 착각이었다. 함안. 더위를 가장 먼저 빨아들이는 남도 자락이다. 봄이 길 까닭이 없다. 마침 절을 찾은 날은 5월 끝물이었는데 날씨는 7월까지 앞질러 간 느낌이다. 숲은 이미 한여름이었고 절은 숲 속에서 허우적거렸다. 장춘사 입구까지 1킬로미터에 이르는 숲길은 호젓했다. 그러나 경내에 들어서자 뙤약볕이 활개를 쳤다. 절의 숲은 온몸에 들척이는 땀처럼 지상과 허공에 엉겨붙었다. 숲은 산신각을 거의 다 먹어치웠고 '잔해'만이 드문드문 비쳤다. 자꾸 처지고 겨웠다.

　　장춘사는 산사의 통상적인 이미지를 사람들의 뇌리에서 꺼내 그대로 땅 위에 발라놓은 것 같다. 고요하고 무료하다. 주지 법연 스님은 장춘사를 두고 "그냥 그런 절"이라고 말했다. 스님은 14년간 홀로 절을 지켜왔다. 짧지 않은 시간이지만 변화한 것도 변화시킨 것도 없다. 절 안의 건물들은 주지로 부임해 들어오던 그때 그대로다. 처음부터 워낙 깔끔했다. 요사채의 기와만 새로 얹은 게 불사의 전부다. 무릉산 아래로 지는 노을이 그나마 볼거리다. 쉬라면 좋아도 살라면 저어되는 절이다. 도시인이라면 사흘도 못 버틸 공간에서 스님은 "그냥 살았다"고 했다. 당신의 짧고 낮은 말투에서 문득 느꼈다. 장춘은 사시장춘(四時長春)으로 읽어야 했다.

　　불두화(佛頭花)는 부처님오신날 전후에 핀다. 부처님의 곱슬곱슬한 머리 모양을 닮아 붙여진 이름이다. 사찰에서 정원수로 많이 심는다. 장춘사 대웅전에도 한 그루가 자랐다. 절 안엔 불두화 말고도 붓꽃과 작약이 곳곳에 피어 여름의 권태를 씻는다. 불두화는 큼지막한 게 주먹밥처럼 생겼다. 가까이서 보면 엄지 손톱만한 꽃잎들이 무더기를 이룬 겹꽃이다. 시간이 지나면서 꽃의 빛깔이 변한다. 푸르게 태어나 하얗게 머물다 노랗게 저문다. 수술과 암술이 퇴화돼 사라진 무성화(無性花)다. 곧 벌이 날아들지 않는다. 혼자 힘으로는 열매를 맺지 못하는 불임이다. 결국 사람이 나서서 출산을 도와야 한다. 불두화가 아름다움과 자손을 지키려면 꺾꽂이가 필수적이다. 꺾꽂이는 가지나 잎을 잘라낸 후 다시 심어서 인공적으로 식물을 얻어내는 재배 방식이다. 모든 세포가 자신을 재현할 수 있는 식물의 본성 때문에 가능한 일이다. 그들에겐 온몸이 뿌리다. 발 없는 것들이 살아가는 본연의 방식이다. 발을 가진 것들은 발 없는 것들의 삶을 가여워 하고, 입을 가진 것들은 입이 없는 것들의 삶을 보며 안도한다. 그리곤 발로 차고 입으로 물어뜯으며 생존의 우위를 만끽한다.

  장춘이란 작명은 어쩌면 평화를 향한 염원이었겠다. 장춘사는 신라 흥덕왕 7년(832)에 창건됐다. 남해안에 창궐하던 왜구를 무염 국사(無染國師)가 신통력으로 물리치자, 임금이 보답으로 내린 절이다. 다만 스님의 부도인 '대낭혜화상백월보광탑비(大朗慧和尙白月葆光塔碑)'에 따르면 흥덕왕을 세웠다는 시기에 당신은 당나라 유학 중이었다(821~845). 전설의 진실성이 으깨지는 대목이다. 그럼에도 눈길이 가는 것은 인근의 창원 성주사와 진해 성흥사의 창건설화가 장춘사의 그것과 완전히 일치한다는 점이다. 무염이 탁월한 군사 전략가였음을 짐작할 수 있다. 그리고 왜구(倭寇).

  유럽에 바이킹이 있었다면 아시아엔 왜구가 있었다. 일본인으로 구성된 해적들은 한반도를 비롯해 중국의 해안을 돌며 갖은 약탈을 일삼았다. 2세기경 발간된 『한서지리지』에도 등장한다. 바이킹에겐 그래도 나름 '문화'가 있었다. 왜구는 정치세력화의 측면에선 바이킹에 뒤졌지만, 약탈의 시간과 강도는 단연 압도적이었다. 왜구에 의한 한민족의 수난사는 삼국시대부터다. 특히 신라가 유난히 많이

장춘사는 신라 흥덕왕 7년(832)에 창건됐다. 남해안에 창궐하던 왜구를 무염 국사(無染國師)가 신통력으로 물리치자, 임금이 보답으로 내린 절이다.

당했다. 바닷길이 가장 가깝고 중앙집권체제가 약해 국가의 통합안보 시스템이 낙후됐던 탓이다. 13세기 고려 말엔 연 평균 12회의 왜구 침략이 있었다. 한 달에 한 번 꼴로 당한 셈이다. 우왕 재위 14년 동안엔 무려 380번을 당했다. 그들은 남해안을 걸레로 만들고 평안도까지 도륙했다. 왜구는 일본의 정규군이 아닌 단순한 강도단이었다. 근사한 명분이라도 있었다면 그렇게 잔인하진 않았을 것이다. 생계와 재미를 위해 빼앗고 죽이는 게 전쟁의 처음이자 끝이었다. 민중들에게 장춘에 대한 희망은 뼈저리게 당연한 것이었다.

세상은 바뀌고 왜구는 사라졌다. 그래도 '장춘'은 여전히 오리무중이다. 총칼에 대한 공포는 자본에 대한 공포로 치환됐다. 폭력의 신은 물리적 강도를 완화하는 대신 정당성의 강화를 택했다. 결국 사람을 합법적으로 오랫동안 괴롭힐 수 있게 됐다. 여하튼 자본은 총칼에 비해 짐짓 점잖은 방식으로 상처를 준다. 대놓고 복수를 하거나

장춘사는 산사의 통상적인 이미지를 사람들의 뇌리에서 꺼내 그대로 땅 위에 발라놓은 것 같다. 고요하고 무료하다.

까놓고 하소연을 하기도 애매하다. 그래서 자본은 무섭고 장춘은 더 멀다.

'봄에는 꽃이 피고 가을엔 달이 밝다. 여름엔 시원한 바람 불고 겨울엔 눈 내린다. 마음에 담아두지 않고 한가롭게 지낸다면 이것이 바로 좋은 시절이라네(春有百花秋有月 夏有凉風冬有雪 若無閑事掛心頭 便是人間好時節).' 선 수행의 고전인 『무문관(無門關)』을 남긴 무문혜개(無門慧開) 선사의 글이다. 주변 환경에 집착하지 않으면 괴로울 일이 없다는 훈계다. 스님의 고향은 중국 절강성 항주다. 아열대에 속하는 항주는 사계절의 변화가 뚜렷하다. 비도 많고 볕도 많다. 무더운 여름과 쾌적한 가을 덕분에 곡식이 잘 자란다. 먹을 것이 풍족해 예로부터 상업도시로 번창했다. 서시(西施)가 태어난 곳이고 예로부터 미인들의 고장으로 유명했다. 금강산이 우스워지는 천혜의 경관 황산(黃山)도 들쑥날쑥한 날씨를 먹고 자란 것 같다. 지천으로 널린 '먹거리'와 '볼거리'와 '놀거리'는 항주의 선 굵은 기후에 빚지고 있다.

적도나 양극에서 문명이 흥했다는 이야기는 들어본 적 없다. 이른바 선진국이라고 불리는 나라들은 춘하추동의 구분이 분명한 위도를 점유하고 있다. 더위와 추위의 반복이 사람들을 강하고 지혜롭게 만들었다는 생각. 날씨로부터의 해방은 인류사의 무시할 수 없는 단면이다. 부채에서 에어컨까지 모닥불에서 보일러까지 자연의 순리를 배제하며 인간은 그들만의 질서를 구축했다. 적어도 에어컨을 사고 보일러를 마구 돌릴 수 있는 이들에게, 장춘은 실현됐다.

에어컨 실외기가 내뿜는 뜨겁고 무례한 배설물에서 보듯, 자연을 약탈한 공간의 크기가 곧 문명의 수준이다. 내가 시원하려면 남이 쪄죽어야 하는 메커니즘이다. 『벽암록』제43칙은 '역류'의 정신을 이야기하고 있다. '추위와 더위가 닥치면 어떻게 피해야 하느냐'는 질문에 동산양개 선사는 '추울 때는 그대가 추위가 되고 더울 때는 그대가 더위가 되라'고 답했다. 선지식들은 세상의 욕망과 정반대의 길을 걸었다. 잘나고 멋진 것을 혐오하고 못나고 추한 것에 귀 기울였다. 그것만이 궁극적인 평화를 보장하기 때문이다. 잘나고 멋진 것을 구하려면 돈이 필요하고, 돈을 얻으려면 반드시 남과 싸워야 하기 마련이다. 더우면 더운 대로 추우면 추운 대로 '그냥' 산다는 건 얼마나 힘겨운 일인가. 장춘엔 장고(長考)가 필요하다.

절에 잠든 역.사.

서울 호압사의 호랑이

안성 칠장사의 임꺽정

김해 모은암의 가야

경주 골굴사의 원효

제주 서관음사의 '4.3'

의정부 망월사의 위안스카이

괴산 공림사의 송시열

익산 숭림사의 달마

서울
호압사의
호랑이

부처님이
호랑이 꼬리를 밟다

"저 봉우리의 기운을 누를 방도를 가르쳐 주시오." "걱정할 것 없소, 장군. 호랑이란 본디 꼬리를 밟히면 꼼짝도 못하는 짐승이오."

호랑이는 우리나라의 대표적인 맹수다. 예전 비디오테이프의 불법복사 근절 경고문에서 보듯 호환(虎患)은 인간에게 전쟁 못지않은 비운이었다. 조선왕조실록에는 호랑이에 관한 언급이 총 635회 나온다. 광해군은 임지로 떠나는 평산(平山) 부사에게 지역에 호환이 심해 파발(擺撥) 길이 끊어질 지경이니 온힘을 다해 호랑이를 잡으라고 명했다. 백성들은 야산에서 왼팔만 나뒹구는 사냥꾼의 시체를 목격하기도 했고, 온 가족이 호랑이의 먹이로 진상돼 절규하는 아낙을 위로하기도 했다. 특히 구한말 무력폭동을 우려한 일본이 조선인들의 무기 소지를 금지하면서 식인호(食人虎)에 의한 피해는 비약적으로 증가했다.

100년 전만 해도 산골 주민들은 동구 밖 외출조차 저어하는 형편이었다. 형제애나 복수심은 극강(極强)의 공포 앞에서 비굴하고 무력하기만 했다. 결국 이 걸어 다니는 자연재해를 영물(靈物)로 섬기면서 안녕을 비는 것으로, 보신(保身)의 방법을 바꿨다. 인간이 아직 먹이사슬의 꼭짓점으로 등극하기 전이다. 일제강점기부터 대대적인 포획작전이 시작됐고 호랑이밥들의 후손들은 천적을 멸종시키는 데 기어이 성공했다. 기아 타이거즈의 호랑이는 더 이상 사람을 잡아먹지 못한다. 현대인들은 호랑이의 화려한 줄무늬 거죽이나 용맹이라는 이미지만 쏙쏙 빼먹으며, 조상의 원수를 갚았던 기억을 곱씹는다.

호압(虎壓)은 호랑이의 기세를 누른다는 뜻이다. 호압사가 위치한 호암산(虎巖山)은 관악산의 지류로 호랑이가 앉아 있는 형국이다. 약사전(藥師殿) 뒤로 '돌호랑이'의 질펀한 엉덩이가 보인다. 조선을 건국한 위정자들은 이것이 나라의 앞날을 망친다고 믿었다. 호압사의 창

호랑이는 십이지 가운데 인(寅)으로 목(木)의 문자다. 목생화(木生火), 상생 관계인 불과 나무가 만나면 불바다가 된다. 불바다는 상극인 금으로 막을 수 있다. 금극목(金剋木), 광물질인 돌은 금의 일종이다. 이런 연유로 조성된 것이 호압사 석조약사여래불상이다.

건에는 두 가지 설이 전해진다. 『신증동국여지승람』에는 시흥현의 현감을 지냈다는 윤자(尹滋)의 이야기가 나온다. "금천 동쪽에 있는 산의 형세가 범이 걸어가는 것과 같고, 그런 중에 험하고 위태한 바위가 있는 까닭에 범바위(虎巖)라 부른다. 술사(術士)가 이를 보고 바위 북쪽에다 절을 세워 호갑(虎岬)이라 하였다." 또 다른 전설은 태조 이성계가 주인공이다. 1394년(태조 3)을 전후해 도읍을 한성으로 옮긴 조선왕조

는 경복궁 축소에 나섰다. 전국의 이름난 장인들을 동원해 착수한 궁궐 공사였는데, 걸핏하면 화재와 붕괴사고에 발생했다. 상반신은 호랑이고 하반신은 그나마 형체를 알 수 없는 괴물까지 나타나 왕궁을 박살내고 유유히 사라지는 파국을 경험하기도 했다.

거듭되는 액운에 망연자실한 태조에게 어느 날 행색이 범상치 않은 노인이 나타났다. 그는 "한양은 비할 데 없이 좋은 도읍지"라면서도 한강 남쪽의 한 산봉우리를 손가락으로 가리켰다. 호랑이 머리를 한 산봉우리가 한양을 굽어보고 있는 산세로, 흉조라는 것이었다. 태조가 봉우리의 기운을 누를 방도를 가르쳐 달라고 청하자 노인은 호랑이의 꼬리 부분에 절을 세우라 했다. 그렇게 호압사가 생겼다. 노인은 이성계의 왕사(王師)였던 무학 대사일 것이란 추측이다. 놀라운 예지를 발휘하는 스님을 폄훼하기 위해 유생들이 고의적으로 신상을 은폐했다는 주장이 있다.

골치 아픈 현실을 막연한 은유로 처리하는 게 전설의 속성이다. 서울 금천구 시흥 2동의 호압사는 조선시대 시흥현 권역이었다. 시흥현은 서울 영등포구, 관악구, 금천구, 구로구, 동작구, 경기도 안양시, 광명시, 군포시 일대를 장악한 옛 고을이다. 고려 태조 왕건이 금주(衿州)란 지명을 하사했으며 조선 성종 재위 때 시흥(始興)으로 개칭됐다. 한강 유역의 대표적인 곡창지대로 예로부터 경기도 토호들의 근거지였다. 제2차 왕자의 난 당시 태종 이방원이 마지막으로 포섭한 세력이다. 그들은 수많은 사병(私兵)을 길러 만만치 않은 세를 과시했다. 이방원이 시흥으로 사냥을 나갔다가 호랑이의 습격으로 군사들이 피해를 입었다는 기록이 있다. 이성계의 호랑이나 이방원의 호랑이나 동일범으로 풀이된다. 고조선의 정기를 계승한 조선의 건국이 '신화'라면, 전주 이씨에 의한 왕위 찬탈은 '현실'이다. 자신들의 소행을 따라해 누군가 또 다른 역성(易姓)을 시도하지 않을까 노심초사하던 새로운 사직에게, 독자적인 입지를 굳힌 시흥 호족들은 충분히 호랑이가 될 만했다. 결국 호암산 중턱의 호압사는 반은 적군이고 반은 아군인 이들의 동정을 살피는 기지였으리란 짐작이다.

조선이 표방한 국가 이데올로기는 유교였지만 국가지대사는 으레 음양오행(陰陽五行)에 따라 결정했다. 큰일일수록 공자보다는 천지의 신명에 기댔다. 일례로 숭례문(남대문)의 현판은 세로로 놓여 있다. 불이 나는 모양이 연상되는 숭(崇)엔 오행 상으로 화(火)의 열기가 서려 있다. 현판을 가로로 뉘어 불길을 누그러트려야 수도의 안전을 기약할 수 있지만 뜻밖에도 세로로 세웠다. 기름을 부은 꼴이다. 서울 남쪽의 관악산은 풍수지리상 도성을 감싸는 외백호(外白虎)다. 남쪽이란 방위 역시 화(火)에 해당한다. 화기가 강한 관악산 기운의 1차 저지선이 한강이다. 한강으론 불안하다는 생각에 떠올린 아이디어가 바로 '맞불' 작전이다.

호압사 역시 철저하게 음양오행의 산물이다. 호암산. 호랑이는 십이지 가운데 인(寅)으로 목(木)의 문자다. 목생화(木生火). 상생 관계인 불과 나무가 만나면 불바다가 된다. 불바다는 상극인 금으로 막을 수 있다. 금극목(金剋木). 광물질인 돌은 금의 일종이다. 이런 연유로 조성된 것이 호압사 석조약사여래불상이다. 불상은 고려 말기 양식으로 추정된다. 그러나 돌덩이로 만든 탓에 제작시기를 파악할 수 있는 복장유물을 넣지 못했고, 국보나 보물로 지정받을 수 있는 증거가 없다. 그저 금천구 문화재자료 제8호일 뿐이다. 조선은 동쪽의 불암사, 남쪽의 삼막사, 서쪽의 진관사, 북쪽의 승가사를 왕실의 원찰로 삼았다. 호압사 역시 주술 차원에서 세운 비보(秘寶) 사찰이다. 삶이 차고 넘쳤던 왕족들이, 괴력난신(怪力亂神)을 부정했던 교조의 가르침을 거역하면서까지 초과학적인 부처님의 가피를 좇은 이유는 무엇인가. 감추기 어려운 꼬리가, 마음대로 다스리기 힘든 꼬리가 막막해서일 것이다. 병고와 죽음이란 절대적 약점 말이다.

  어제의 아픔과 오늘의 아픔은 이유와 배경이 다르다. 그러나 아프다는 점에선 같다. 같아서 괴롭고 같아서 희망이 없다. 호암산의 호랑이는 정적(政敵)의 비유만이 아니라 관악산에 실재했던 맹수를 의미하기도 한다. 태초부터 세면 골육을 뜯기고 가족을 잃은 사람의 수는 헤아리지 못한다. 밤길에 등 뒤를 노리던 야수의 위세는 오늘날 치한과 퍽치기, 음주운전차량 등이 대체했다. 역사가 반복되듯 호랑이도 재림하는 셈이다. 어느 절이든 절을 찾는 사람들은 호압사의 약사여래불이 그러하듯 부처님이 호랑이의 꼬리를 밟아주길 원한다. 어제도 오늘도 그런 마음이다. 호랑이와 사투를 벌인 흔적(?)인지 개금한 석조불상의 오른쪽 어깨가 피로 흥건하다. 피는 아니겠지만 피로 보인다. 사라졌지만 죽지 않는 호랑이처럼.

안성
칠장사의
임꺽정

역사는
인간의 필요에 의해
반드시 재생된다

임꺽정(林巨正)은 어린 시절 유독 말썽을 부리던 천둥벌거숭이었다. 근심이 그칠 날이 없던 부모는 아들의 이름을 아예 걱정이라고 불렀다. '걱'은 한자로 표기할 경우 '클 거(巨)'의 밑에 받침 'ㄱ'을 붙인다. 畓(논 답), 乭(이름 돌)과 같이 중국에선 쓰이지 않는 우리나라 고유의 한자다. 꺽은 걱의 경음화. 과연 의적이었는지 임꺽정의 선악 여부는 여전히 논란이다. 아무튼 여염집 장독이나 깨던 걱정은 왕권을 위협하는 걱정으로 성장했다.

양주의 백정 출신이었던 그는 수하들과 함께 황해도와 경기도, 강원도를 누비며 부자들의 재물을 빼앗아 빈민에게 나눠줬다. 활동기간은 1559년부터 1562년까지 3년간. 당시 발생한 민란 가운데 가장 컸고 오래 지속됐다. 벽초 홍명희의 대하소설『임꺽정』에 따르면, 단순히 내가 먹고 살기 위해 일으켰던 폭동이 남도 먹여 살리기 위한 혁명으로 변모한 계기는 병해(丙海) 대사 덕분이다. 가죽신을 기워 팔던 갖바치였던 스님은 백성들로부터 신망이 두터웠다.

칠장사에 생불(生佛)이 있다는 소문을 듣고 병해 대사를 찾아간 임꺽정은 그 자리에서 감화돼 일생 동안 스승으로 모셨다. 그의 정체성이 도적에서 의적으로 전환되는 분기점이다. 갖바치와 백정, 피를 보고 살육에 관여해야 하는 직업이었다. 사대부들은 이들을 천민으로 멸시하면서 고기를 먹고 화혜(靴鞋)를 신었다. 계급적 동질성과 스님의 덕화로 인해 사제관계는 깊어졌고, 가렴주구의 체제에서도 칠장사 아래엔 굶는 사람이 없었다. 임꺽정은 힘만 센 게 아니라 리더십도 탁월했다. 그의 무리에는 상인, 장인, 아전 등 중인과 천민을 망라한 사회의 다양한 계층이 두루 포함됐다. 황해도 구월산에서 임꺽정을 체포한 의주목사 이수철이 고문 끝에 받아낸 자술서에 따르면, 중앙이나 지방에서 임꺽정을 도운 사람이 한둘이 아니었다. 임꺽정이 무력적 위엄과 더불어 인격적 됨됨이도 갖추고 있었음을 반증하는 대목이다.

    길막봉을 구하기 위해 안성에 왔던 임꺽정과 여섯 명의 심복은 병해 대사와 상봉하려 칠장사에 들렀다. 그러나 스님은 달포 전에 세상을 뜬 뒤였다. 7인의 사내들은 스님의 영전 앞에서 각자의 팔뚝을 긋고 피를 내 형제의 의를 맺었다. 그리곤 스님이 스스로 조성하려 했던 미완의 목불을 완성하고 스승을 기렸다. 칠장사 '꺽정불'이다. 꺽정불은 중품하생인을 하고 있는 일반적인 아미타여래불상의 형태다. 다만 몸집이 좀 더 큰 듯 보여 임꺽정을 모델로 하지 않았나 하는 생각도 든다. 아미타불 혹은 무량수불(無量壽佛)은 서방정토를 주재하는 교주로 이승의 중생을 죽음의 고통에서 건지고자 오는 분이다. 중품하생인(中品下生印)이란 수인은 중생의 근기에 맞게 설법하는 모습을 가리킨다. 사람들의 제각각인 성품과 처지를 뜻하는 근기(根器). 장물을 뒤져 배고픈 자에겐 밥을 헐벗은 이에겐 옷을 꺼내주는 임꺽정이, 민중에겐 부처님이자 미륵이었을 것이다.

꺽정불은 중품하생인을 하고 있는 일반적인 아미타여래불상의 형태다. 다만 몸집이 좀 더 큰 듯 보여 임꺽정을 모델로 하지 않았나 하는 생각도 든다.

자신이 해야 할 일을 대신 하는 장사의 위세에, 열 살배기 허수아비 임금 명종이 겪었을 공포감과 열등감은 이해할 만하다. 경기, 강원, 함경, 평안 등 네 개 도에서 군사를 일으켜 대대적인 토벌작전을 벌여야 한다는, 훈척들의 강경 진압론을 군말 없이 따랐다. 토포사 남치근은 역당을 색출한다는 명목으로 백성들을 마구잡이로 구금하고 재산을 약탈했다. 임꺽정을 참수한 뒤에도 그의 아들, 손자, 서너 살 된 어린아이들까지 붙잡아 남김없이 죽였다. 명종은 남치근에게 토지 50결과 노비 100명을 주어 포상했다. 임꺽정을 능가하는 '도적'의 맹활약에 힘입어 황해도 전역이 초토화됐다. 30년 뒤 임진왜란이 일어났을 때 이 지역에서 의병 활동이 부진했던 건 당연지사다. 제 손으로 원인을 제공했으면서도, 국가는 종묘사직을 구하는 데 힘쓰지 않았다는 이유로 이후 벼슬길에서 황해도 출신을 차별했다.

죽산(竹山)에는 지명과 달리 대나무가 흔치 않다. 칠장사 대웅전 위쪽으로 흐드러진 대숲이 이곳에서 볼 수 있는 유일한 대나무라고 한다. 택시기사에게서 전해들은 죽산의 명칭과 관련된 내력은 흥미로웠다. 원래 죽산현이었다가 죽일면, 죽이면, 죽삼면 등 3개 면으로 갈라졌다. 그런데 어감이 영 마뜩치 않았다. '도대체 면장을 몇 명이나 죽여야 성이 풀리겠느냐'는 해학적인 논쟁 끝에 글자를 뒤바꿨다. 일죽면과 삼죽면, 그리고 이죽면은 본명을 살려 죽산면으로 개칭했다. 그는 봉업사지(址)를 중심으로 죽산리 관음당의 장명사지, 미륵당의 매산리사지, 묘골의 사지를 예로 들며 안성 전체가 거대한 사찰이었을 것이라고 추측했다.

칠장사는 유난히 도둑과 인연이 깊다. 임꺽정이 나라를 훔치는 데 실패한 도적이었다면, 후고구려(태봉)를 건국한 궁예는 나라의 절반은 훔친 도적쯤 되겠다. 궁예는 열 살 때까지 여기서 활을 배웠다. 경부선이 들어앉은 20세기부터 역사의 외곽으로 밀렸지만 죽산은 장호원 – 음성 – 문경새재 – 문경으로 이어지는 교통의 요충지였다. 강원도와 충청도, 경상도를 가려면 여기를 통해야 했다. 돈이 오가는 길목에서 고을은 번성했고 빈부의 양극화도 활발했을 것이다. 마을에서 한 건 한 뒤 한달음으로 달리면 반나절 만에 닿을 법한 거리에 칠장사가 있다. 잠깐 숨을 은신처로는 제격인 셈이다.

나한전에 봉안된 7인의 아라한 역시 본래 산적이었다. 사찰을 중수한 혜소(慧沼) 국사의 교화로 도를 깨쳤다. 스님은 고려 제9대 임금 덕종의 왕사(王師)였다. 어느 날 이들의 산채 인근인 칠장사에 스님이 부임했다. 운신의 폭이 좁아질 것을 염려한 도둑들은 스님의 동정을 살필 요량으로 한 사람씩 뽑아 칠장사로 올려 보냈다. 절에 당도한 첩자들에게 염탐은 뒷전이었다. 약수터에 놓인 금바가지에 혹해, 물을 마시는 척하고는 바가지를 훔쳐 돌아왔다. 이상한 점은 빼돌린 바가지를 아지트에 갖다놓기만 하면 감쪽같이 사라져버리는 것이었다. 도둑 중 한 사람이 이 일을 고백하니 나머지 여섯도 괴이한 현상에 관해 실토했다. 스님이 신통력을 발휘했기 때문이라고 여긴 패거리는 그날로 머리를 깎고 국사의 제자가 됐다.

나한들 주변엔 참배객들이 진상한 과자봉지와 동전뭉치가 지저분하게 널려 있다. 500년 전 민중이 임꺽정에게 원했던 것들이다.

스님이 입적하자 이들도 사람의 형상을 한 일곱 개의 돌만 남기고 홀연히 종적을 감췄다는 후문이다. 칠장사(七長寺)와 칠현산(七賢山)이란 이름은 여기서 유래했다. 어사 박문수가 나한전에서 기도를 올리고 장원급제를 했다는 성공담이 전국에 퍼져 지금도 입시철이면 성시를 이룬다. 숫자 '7'의 유사성에서 병해 대사는 혜소 국사의 화현으로, 칠장사를 찾은 임꺽정 일행은 나한들의 후신으로도 읽힌다. 하얀 석고덩어리에 눈, 코, 입을 대충 그려 넣은 일곱 기의 나한상은 소박하고 인간적이다. 나쁘게 말하면 조악하고 어설픈 편이다. 바라보는 방향과 속셈에 따라 모양과 평가가 달라질 따름이라는 생각.

나한들 주변엔 참배객들이 진상한 과자봉지와 동전뭉치가 지저분하게 널려 있다. 500년 전 민중이 임꺽정에게 원했던 것들이다. 신앙의 비루한 이면이자 중생의 가여운 진실이다. 1674년 유력한 양반이 제 가문의 장지(葬地)로 쓰기 위해 멀쩡한 칠장사를 불태워 없애버린 어처구니없는 사건이 일어났다. 지독한 멸불에도 불구하고 오늘날 칠장사는 여봐란 듯이 잘 살고 있다. 칠장사의 재건은 세세생생 민중이 가장 원하던 신성은 부처님이었음을 보여주는 증거다. 역사는 인간의 필요에 의해 반드시 재생된다. 사람다운 삶을 향한 인간의 희망이 얼마나 길고 질긴 것인지도 짐작할 수 있다. 누구나 부자가 되고 위인이 되고 싶어 한다. 모두가 꿈꾸기에 거의 모두가 실패하고 말지만.

김해
모은암의

가야

전쟁을 일삼던 족속들은
미처 꿈꾸지 못했을 풍속

가야(伽倻)는 잊혀진 나라다. 가야인들은 자신들의 역사를 기록한 책을 남기지 못했다. 멸망한 뒤엔 신라사의 일부로 잠깐 다뤄지다 말았다. 그마저 대부분 두루뭉술하고 미심쩍은 설화 일색이다. 역사가 승자의 기록이란 건 상식이다. 승자는 패자에게 일어난 끔찍한 사고와 재해, 불길한 조짐과 예언을 구구절절이 열거하며 패자의 멸망은 하늘의 선택이었음을 강변한다. 겁이 나거나 뒤가 구리면 말이 많아지는 법이다. 결국 패전국의 죽음에 대한 묘사가 자세할수록 그들의 국력이 만만치 않았음을 시사한다는 생각. 가야가 이러한 악의적인 관심조차 받지 못한 것을 보면 약하긴 약했던 모양이다.

가야는 나라이면서 나라가 아니었다. 『삼국유사』 「가락국기」에 따르면 서기 42년부터 532년까지 10대에 걸친 왕들이 490년간 김해지역에서 세력을 영위했다. 김해평야를 근거지로 농사와 어로를 통해 생산력을 축적했다. 엄연히 한반도의 일부를 점유한 왕국이었지만, 고대 국가로서의 요건을 갖추지 못했다는 이유로 사학자들로부터 제대로 대접받지 못하는 형편이다. 고구려와 백제, 신라는 사회경제적 계급의 분화, 관료제의 정착, 특정 세력에 의한 권력 독점이라는 특징을 두루 갖췄다. 곧 반민주적 질서의 확립으로 고대 국가의 반열에 공식적으로 오른 셈이다. 반면 가야는 금관가야, 대가야, 소가야, 아라가야, 고령가야, 성산가야 등 6개의 부족이 규합한 연맹체였다. 권력은 각 소국에 적절히 분산되어 있었다. 어설프나마 관등 직제를 도입한 소국은 그나마 대가야 정도였다. 강력한 통치주체의 부재에서 이른바 영(令)이 안서는 사회였음을 읽을 수 있다. 전쟁 시 군사작전을 수행하는 데에도 애를 먹었을 테고. 관료제가 미약했으니 나라의 일 처리는 허술했을 것이다. 외려 백제와 신라의 틈바구니에서 500년 가

무척산 기슭에 자리한 모은암은 아담하고 궁벽하다.
공허한 수다의 재료 혹은 패권주의의 제물로 전락한 가야의 오늘이 물화된 것 같다.

까이 버틴 게 용할 따름이다.

　　모은암(母恩庵)은 가야의 출발과 함께 시작한 절이다. 시조인 김수로왕의 부인 허왕후가 모국의 어머니를 그리며 지은 암자란 이야기가 창건설화로 전한다. 부모 없이 알에서 태어난 수로왕이 어머니 삼아 지은 절이라거나 가야의 제2대 거등왕이 어머니 허왕후를 추모하며 지은 절이라는 이설도 전한다. 무엇보다 모은암은 한국불교의 남방유입설을 보여주는 지표여서 눈길이 간다. 인도 아유타국의 공주였던 허황옥은 수로왕의 아내로 간택돼 배를 타고 한반도에 발을 디뎠다. 항해의 안전을 기원하며 배에 같이 싣고 온 파사(婆娑) 석탑은 우리나라 최초의 불적(佛蹟)이다. 이것이 사실이라면 서기 372년 중국대륙을 통해 고구려로 불교가 최초 전래됐다는 한국불교사는 첫머리부터 다시 쓰여야 한다. 상상을 초월하는 고대 가야와 인도인들의 이동과 통신능력 또한 단연 화젯거리로 떠오른다. 무슨 수로 이역만리 외딴 왕족의 신상정보를 파악했으며, 어떤 지도와 선박을 가졌기에 인도양과 태평양을 무사히 횡단할 수 있었는가. 그러나 결정적 증거가 부족해 아직 정사로 등재되기엔 말만 무성한 전설일 뿐이다.

가야와 인도의 엄청난 교류를 보여주는 물증으로 제시되는 것이 수로왕릉 내부 납릉정문(納陵正門)에 새겨진 쌍어문(雙魚文)이다. 쌍어문은 불교가 매우 성행했던 인도 아요디아 시의 문장(紋章)과 동일하다. 허황옥이 소개한 자국의 문물이라는 추측이지만 입소문의 형태를 벗어나지 못한 게 흠이다. 멀리 갈 것 없이 '가야'란 국명 자체가 인도와 직결된다. 같은 명칭의 도시가 인도에 존재한다. 힌두교의 성지인 비하르 주(州)의 가야(gaya) 말이다. 물론 '그 가야가 이 가야'라고 명쾌하게 일러 줄 문헌은 없다. 문자의 힘 앞에서 문자를 가지지 못한 가야의 역사는 굴욕적이다. 일제는 4세기 후반 왜의 한반도 남부 지배를 주장하며 소위 임나일본부가 설치됐다는 가야를 들먹였다. 이에 맞서 6가야가 본래 경상남도가 아닌 중국의 동남부에 있었다며 가야가 인도와 한반도 사이의 모든 대륙과 해양을 호령하던 제국이었다는 민족주의 사학이 으르렁거린다. 글을 얻지 못한 말들의 표류는 지금도 계속된다.

무척산 기슭에 자리한 모은암은 아담하고 궁벽하다. 공허한 수다의 재료 혹은 패권주의의 제물로 전락한 가야의 오늘이 물화된 것 같다. 지난해 이맘때 주지로 부임한 혜수 스님이 대웅전의 기와를 갈고 새 요사채를 세우며 중창에 나섰다. 취재 당일에도 망치소리가 경내를 울렸다. 암자의 입구는 꼬불꼬불한 돌길이 일품이다. 거친 화강암덩어리가 바닥과 주변에 흥건하다. 자연석이 마음 가는 대로 저질러놓은 'S라인'은 관능적이지 않은 대신 정겹다. 길 위에 서면 김해시 생림면의 민가와 논밭이 한눈에 들어온다. 혜수 스님은 "조만간 돌길을 참배객들이 맨발로 걸을 수 있도록 새롭게 단장할 것"이라고 했다. 지장전 옆 자연석굴 안에는 아기를 안은 관세음보살상을 조성했다. 여느 사찰에서나 있는 예배의 대상이자 출산에 목마른 아낙들을 위한 배려다. 구겨지고 숨겨져 있던 절을 하나둘 꺼내놓는 스님의 노력이 미덥다.

　관세음보살상은 석굴에 차려진 돌 제단의 정점에 봉안됐다. 제단의 앞쪽엔 파사석이 놓였다. 파사석탑을 제작했던 바로 그 돌이다. 두 개로 이른바 숫돌과 암돌인데 하나는 수로왕을 다른 하나는 허왕후를 상징한다. 아주 오래 전, 어쩌면 허왕후가 가져다놨을 지도 모르는 돌이다. 파사석이 중요한 까닭은 돌의 성분과 재질, 색깔로 볼 때 인도에서만 산출되는 암석이기 때문이다. 1978년 인도 학자들의 현지답사로 확인되었단다. 표면을 뒤덮은 이끼는 어눌한 말투로 가파르게 무너져버린 공동체의 찬란했던 실재를 항변하는 듯하다.

　혜수 스님은 "무척산의 무척(无尺)은 불교용어인 무착(無着)의 변이일 것"이라고 짐작했다. 멸망을 전후한 시기에 이르러 가야는 명실상부한 불교국가로 자리 잡는다. 고령 대가야의 성문은 '전단문'이라고 했는데 경전에 자주 나오는 향나무의 일종, 전단이다. 고령 고아동 벽화고분의 천장에 그려진 연화문(蓮花紋)은 부여 능산리 벽화고분과 양식이 상통한다. 대가야의 시조인 이진아시왕의 어머니 이름은 팔정도(八正道)의 한 항목인 '정견(正見)'이었다. 대가야의 마지막 임금 도설지왕(道設智王)의 별명은 '월광태자(月光太子)'였다. 석가모니부처님의 전생 가운데 하나로 온 세상을 덕치로 빛낸다는 월광보살을 본뜬 이름

암자의 입구는 쪼물쪼물한
돌길이 일품이다.
거친 화강암덩어리가 바닥과
주변에 응긋하다.

이다. 이때는 이미 삼국 모두 불교의 수입과 보급으로 전제왕권 국가로서의 정체성을 완료한 시대다. '임금이 곧 부처'라는 왕즉불(王卽佛)의 이데올로기로 국민총화를 달성한 것이다. 가야의 국운을 되살리기에 불교는 차별화된 전략이 될 수 없었다는 말이다.

가야의 고분유적에서 구슬 목걸이는 다량 발견되지만 금이나 은으로 만든 장신구는 출토되지 않는다. 당시 지배층이 금은을 사치품으로 여기지 않았다는 증거다. 구슬마저 치장이 아니라 주술적인 호신의 용도였으리란 이론(異論)을 제기하는 역사가도 있다. 외세와의 야합, 민족에 대한 배신으로 신라는 삼국 가운데 유일하게 살아남았다. 리그 경기보다 토너먼트가, 16강전보다 결승전이 훨씬 더 격렬하다. 최후의 승자는 본인의 의지와 관계없이 가장 잔혹하고 비열한 자다. 어쩌면 가야 국민들의 순박한 심성이 국가발전에 결정적 장애가 되었을 것이다. 금과 돌을 구분하지 않는 사람들이 간직한 불교는 왕권을 위한 불교, 체제를 위한 불교와는 분명 달랐을 것이란 믿음. 전쟁만 일삼던 족속들이 미처 꿈꾸지 못하던 색다른 풍속과 평화가 있진 않았을는지. 그러니 잊기엔 너무도 아까운 나라다.

경주
골굴사의
정효

끊임없이 치고 빠지는
죄들이 만들어내는
비릿한 질서

굴(窟)은 이 세상 어디에 있는 것이든 어둡고 습하다. 몇몇 짐승에겐 숨어 있기 더없이 좋은 방이겠으나 인간은 묵을 곳이 못 된다. 물론 몸과는 인연이 맞지 않는다 해도 눈에는 제법 정겨운 물건이다. 돌들이 자아내는 깊고 서늘한 질감은 왠지 낯익다. 그 옛날 미련 없이 박차고 나왔던 자궁이 이렇게 생겼을 것이다. 언젠가 속절없이 돌아가야 할 '자궁' 역시 이와 별반 다르지 않으리란 생각. 그래서 굴은 푸근하면서도 을씨년스럽다.

골굴사가 원효 대사의 열반처였는지 확실치는 않다. 절은 경주 외곽에 있다. 시내에서 차량으로 50분 거리. 경주시 양북면 안동리, '기림사 3㎞'라고 쓰인 이정표 앞에서 절을 만났다. 함월산 자락 한편의 골굴사(骨窟寺)는 이름처럼 굴이 지천으로 널린 사찰이다. 화산 폭발로 생성된 암굴이다. 크고 작은 구멍이 숭숭 뚫린 응회암 지층은 공룡의 척추와 갈빗대를 닮았다.

원효 스님이 여기서 생을 마감했다는 뚜렷한 증거는 없다. 다만 혈사(穴寺)라는 곳에서 입적했다는 『삼국유사』의 기록으로 말미암아 어림으로 짐작할 따름이다. '구멍 혈(穴).' 절 안에는 스님의 흔적이 전연 남아있지 않다. 다만 골굴사 주지 적운 스님이 원효 스님의 44대 손이라는 것. 당신의 속성은 경주 설(薛)씨다. 사라진 게 아니라 원래 없었던 건지도 모른다. 골굴사는 외려 불교 전통무술인 선무도(禪武道)의 수련장으로 인기가 높다. 경내 한 구석 게시판에는 골굴사의 선무도를 소개한 신문 스크랩이 한가득 달렸다.

선무도를 처음 듣는 경우에도, 세인들의 관심은 원효가 아닌 영험한 기도도량으로 십중팔구 쏠린다. 암벽의 꼭대기에 새겨진 마애여래불좌상은 보물 제581호다. 높이 4미터, 폭 2.2미터 정도인데 제작 연대에 대해서는 전문가들 사이에 의견이 엇갈린다. '세련되지 못한 옷주름 표현 탓에 삼국시대의 작품'이라는 주장에 대해, '평면적인 신체와 수평적인 옷주름, 겨드랑이 사이의 V자형 옷주름이 9세기 후반 양식이어서 통일신라시대의 불상'이란 주장이 맞서는 형국이다. 학계의 사정이야 어찌 됐든 문외한들은 인생에 도움이 될 법한 신성(神性)을 조금이라도 가까이서 보기 위해 난리다. 한숨과 탄성을 반복하며 악물고 난간과 밧줄을 쥐었다.

골굴사는 국내 유일의 석굴사원이다. 6세기 무렵 서역에서 온 '광유성인'이란 사람이 일행을 이끌고 경주 땅을 밟았다. 그들은 함월산 석벽에 열두 개의 굴을 파고 현재의 골굴사를 창건했다. 관음굴, 지장굴, 약사굴, 나한굴, 신중단, 칠성단, 산신당 … 절에서는 굴마다 이름을 붙이고 작은 불상을 얹어놓아 참배객들의 눈길을 붙잡는다. 『산중일기』를 쓴 조선 후기의 문신 정시한은 "여러 채의 목조와가로 지어진 전실을 연결하는 회랑이 있고 단청을 한 석굴사원의 모습은 마치 한 폭의 병풍을 보는 것처럼 아름답다"고 적었다. 겸재 정선은 그림으로 절을 기렸다(골굴석굴도). 석굴의 중간쯤 오르면 사람이 누워 뒤척여도 될 만큼 널찍한 동혈도 보인다. 스님이 눈을 감았다면 여기일 것이다. 정시한의 증언에 따르면 300년 전 골굴사의 모습은 현대보다 훨씬 화려했을 것으로 추측된다. 지금은 전실(殿室)도 그것들을 연결했다는 회랑(回廊)도 온 데 간 데 없다. 예전엔 각각의 굴마다 법당이 조성되어 있었으리라 더듬어볼 수 있다. 작위와 수사가 송두리째 탈색된 거칠고 단단한 공간은 사시사철 굳은 낯빛으로 세상과 대면한다. 원효 스님이 여기서 열반한 게 사실이라면, 골굴이 지닌 적막과 경색의 심상에 주목해 임종의 장소로 택한 것일 게다. 세상의 모든 유(有)가 빚어내는 모순을 묵묵히 인정하는 대신 자신만은 완벽한 무(無)

관음궁, 지장굴, 약사굴, 나한굴, 신중단, 칠성단, 산신당… 절에서는 굴마다 이름을 붙이고 작은 불상을 얹어놓아 참배객들의 눈길을 붙잡는다.

를 지향했던 도인에게, 가진 거라곤 고독뿐인 골굴의 몸통은 무척 어울리는 도반이다.

    스님과 뼈와의 인연은 지중하다. '해골물' 전설은 책깨나 읽은 초등학생도 아는 지식이다. 당나라 유학길 도중 노숙을 하던 스님이 간밤에 목이 말라 잠을 깼고 근처에서 물을 찾아 달게 마셨는데, 아침에 일어나 보니 그게 해골에 고인 썩은 물이었더라는 이야기. 모든 것은 마음이 만드는 허상이자 편견이니 스스로에게 속지 말라는 교훈이다.

    일체유심조(一切唯心造)를 깨닫고 난 뒤 당신은 자아의 개벽을 이뤘다. 우선 유학을 접었다. 진리는 당나라에만 있는 것이 아니고 신라에도 있고 발밑에도 있는 것이니까. 출세의 길을 제 손으로 갈아엎은

일이기도 했다. 요석공주와 잠자리를 하며 자폭했고 아들 설총을 낳자마자 소성거사(小姓居士)라 스스로 깎아내렸다. 당대 최고의 엘리트 계급이었던 승려라는 특권을 벗어던진 채 말 많고 탈 많은 저잣거리를 나돌았다. '일체무애인 일도출생사(一切無碍人 一道出生死, 모든 것에 걸림이 없는 사람은 단번에 생사를 벗어나리라)'는 『화엄경』 구절에서 따온 무애가(無碍歌)를 장삼이사들 틈에서 부르고 다녔다. 가무와 잡담 속엔 불법을 교묘하게 비벼 넣었다. 법당에 돈이나 바칠 줄 알았던 서민들의 불교가 마침내 부처를 만난 것이다.

스님이 한낱 파계승으로 역사 밖으로 쫓겨나지 않을 수 있었던 이유는 위대한 저작들 때문이다. 현존하는 저술은 20부 22권이며 분실된 것까지 포함하면 100여부 240권이다. 대국의 승려들은 『대승기신론소(大乘起信論疏)』를 해동소(海東疏)라고 격찬하며 자신의 저서에 즐겨 인용했다. 당신은 퇴계 이황과 함께 서양인들이 가장 많이 번역하고 참고한 한국의 사상가다. 수많은 소(疏)와 론(論), 요(要)에서 스님은 일심(一心)과 화쟁(和諍), 무애(無碍)를 갈무리했다. 오직 마음뿐이며 마음과 마음이 부딪혀 만들어내는 현상은 그 자체로 진여(眞如)이니 내가 손댈 이유도 손댈 필요도 없음이라. 세상 모든 것을 아무것도 아닌 것으로 내칠 수 있는 자유. 세상 그 무엇도 아무 것도 아니니 누구에게나 진실할 수 있는 자비.

김형효 한국학중앙연구원 명예교수는 저서 『원효의 대승철학』에서 화쟁(和諍)의 예를 소개한 바 있다. '늑대가 순록을 보이는 대로 잡아먹었다. 에스키모들은 가축을 보호하기 위해 늑대 소탕에 나섰다. 늑대는 눈에 띄게 감소했지만 순록은 도무지 늘어나지 않았다. 외려 비실비실 앓다가 이전보다 더 많이 죽어나갔다. 늑대가 공격하면 순록은 살기 위해 도망간다. 죽을힘을 다해 달리니까 저도 모르게 근력과 심폐기능이 강화된다. 천적이 줄어들자 동시에 생명의 활력이 감퇴한 것이다. 순록에게 늑대는 선인가, 악인가.'

화쟁은 당위적인 양보에 의한 타협이나 조정을 뜻하지 않는다. 제 성질대로 살아갈 뿐인데(諍) 어떤 영문인지 그것이 우주를 유지하는 데 보탬이 되는(和) 오묘한 이치를 뜻한다. 이쪽에선 어린아이를 토막 내 땅에 묻고는 오리발을 내밀고, 저쪽에선 생판 남의 목숨을 구하고 대신 죽는다. 부서질 듯 부서지지 않는 얄궂은 균형. 비리(非理)의 리(理). 공(空)하기 때문에 반드시 멸망하기 마련이지만 공(空)하기 때문에 새로운 변화를 꿈꿀 수 있다. 끊임없이 나고 드는 생명과 끊임없이 치고 빠지는 죄들이 만들어내는 비릿한 질서. 함월(含月). 봄볕에 빛나는 '뼛구멍'들이 어젯밤 달빛을 삼켰던 입을 드러내고 웃는다. 한편으론 뻔뻔하고 한편으론 도도한 표정이다.

제주
서관음사의
4·3

아무도 기억해주지 않는
죽음을
자연이 챙겨주고 있었다

제주 4.3의 상황은 출구가 없는 방에 쥐와 고양이가 함께 갇힌 꼴이었다. 국가로부터 '저들은 사람이 아니니 일껏 죽여보라'는 명령을 받은 공권력에게, 눈과 귀가 가려진 섬사람들은 생전에 다시없을 먹잇감이었다. 정의는 간단했다. 총칼을 갖고 쪽수가 많은 쪽이 선이었고 그렇지 못한 쪽이 악이었다. 인륜은 입도 뻥끗하지 못했다. 1980년의 광주는 목숨을 걸면 길을 뚫을 수도 있겠다는 희망이라도 있었다. 망망대해는 단 한줌의 인정과 정보도 용납하지 않았다. 손발이 묶인 섬은 지옥이었다.

조계종 총무원이 2004년 6월 발행한 『한국전쟁과 불교문화재-제주도편』에는 '4.3'의 개요와 그에 따른 불교계의 피해가 상세하게 수록됐다. 제주 4.3 사건은 1948년 4월 3일 일어났다. 남한 단독정부 수립을 위한 선거를 반대하는 제주도민 500명의 무장봉기가 발단이었다. 미군정은 이를 남로당의 지령에 따른 폭동으로 규정하고 진압에 나섰다. 당시 단선(單選) 반대 운동은 남한 전역에서 벌어지던 소요였다. 제주도의 무장투쟁 수준이 뭍의 그것보다 극렬하지도 않았다. 하지만 미군정은 제주도의 상황에 유독 심각하게 반응했다. 곧바로 본토에서 1700명의 경찰과 부산에 주둔하던 군대를 급파하곤 비상경비사령부를 설치했다.

사태가 걷잡을 수 없이 확대된 결정적 계기는 진압군과 함께 입도한 경찰, 그리고 극우단체인 서북청년단 때문이다. 제주도민과 연고가 없는 경찰들은 이런저런 명목으로 주민들에게서 금품을 뜯어 부족한 봉급을 벌충했다. 월남한 피난민들로 구성된 서북청년단은 그나마 무보수였다. 공산당이라면 이를 갈거나 가는 척하는 단원들은, 갖은 공갈과 폭력으로 주머니를 채웠다. 극심한 실업난과 대흉년, 전염병으로 가뜩이나 민심이 흉흉했던 제주 사회였다. 주민의 안전을 지키라고 보낸 공무원들은 오히려 삶의 터전을 한층 망가뜨렸다. 이들의 만행으로 도민들은 정부로부터 완전히 등을 돌리게 됐다.

살상과 착취에 견디지 못한 민중들이 속속 입산하면서 무장대의 규모가 더욱 커졌다. 진압작전 초기엔 정부군이 밀렸다. 미군정은 모슬포에 머물던 국방경비대 9연대에 즉각적인 진압을 지시했다. 경찰과 극우세력의 횡포, 급격하게 일이 커지게 된 이유를 알았던 9연대장 김익렬 중령은 무장대 총책 김달삼을 만나 '72시간 내 모든 전투를 중지하고 무장해제와 하산이 이루어지면 책임을 묻지 않는다'는 내용의 조약을 체결했다. 유혈사태는 여기서 끝인 줄 알았다. 그러나 조병옥 경무부장의 지시를 받은 매복 경찰이 산에서 내려오던 무장대와 입산주민들을 향해 무차별 발포하면서 평화는 문턱에서 넘어졌다. 김익렬 중령은 빨갱이로 낙인찍혀 해임됐다.

후임으로 온 박진경은 일본군 소위로 제주에서 근무했었다. 부친은 친일단체의 주요 간부 출신이었다. 그는 연대장 취임연설에서 "제주도 폭동을 진압하기 위해서는 30만 제주도민을 희생시켜도 무방하다"고 말했다. 토벌대장의 마인드가 이러하니 파국은 불 보듯 뻔했다. 남한의 기득권은 이승만을 중심으로, 자신의 부끄러운 입지를 정당화하기 위해 애먼 백성을 몰아세웠다. 민족의 해방을 방해했거나 별달리 기여한 게 없는 사람들이다. 그들은 사실을 왜곡하기 위해 이념을 들이댔다. 자신들의 비열한 호의호식을 가로막는 세력들은 모두 빨갱이였다. 그들의 계획대로 단독선거는 무사히 치러졌지만 진압은 한층 거세졌다.

이제부턴 오로지 보복이었다. 이승만 정권은 10월 해안선을

오늘날 서귀당사는 과연
찾아있는지도 분간할 수 없다.
사지 축비에 흔히 보이는
당간지주나 주춧돌조차 없다.

봉쇄했고 11월엔 계엄령을 선포했다. '태워 없애고, 굶겨 없애고, 죽여 없앤다'는 삼진(三盡) 정책으로 집단 학살을 합법화했다. 빨갱이마을로 지목되면 부녀자와 아이까지 남김없이 죽였다. 현직 검사와 법원장, 언론인 같은 인사들도 예외가 없었다. 살인에 토를 달면 죽였다. 한국전쟁이 발발하자 주춤했던 학살이 다시 활개를 쳤다. 전쟁이 터지자마자 형무소에 수감돼 있던 가담자들을 모조리 죽였다. 훈방됐던 사람들까지 잡아들여 죽였다. '사상이 의심스럽다'며 죽였고 '군경과 서북청년단에 비협조적'이라며 죽였고 '가족 중 입산자가 있었다'며 죽였다.

이렇게 3만 명이 죽었다. 휴전 이후인 1954년 9월 21일 제주도 경찰국장이 한라산 금족령을 해제하면서 살육은 6년 5개월 만에 공식적으로 끝났다. 3만 명이면 당시 제주도 인구의 10분의 1이다. 오늘날 도내에서는 수십 명에 달하는 마을 어른의 제사를 같은 날 치르는 동네가 적지 않다. 그날이 끌려간 날이다. 어디서 어떻게 죽었는지는 모른다. '도민 전체가 유가족'이란 하소연도 목격했다. 입에 담는 일도 사치로 여겨지는 악몽을 위로해 줄 수 있는 건 없다.

강경토벌 성과로 대령으로 진급한 박진경이 부하에 의해 살해됐다는 정도. 물론 여기에 연루됐다는 이유로 제주 출신 경비대원 100명이 희생됐다.

제주도 사찰의 피해도 극심했다. 조계종 제23교구본사 관음사를 비롯해 35곳의 사찰이 전소됐다. 26곳은 복원됐고 나머지는 여전히 폐허다. 제주시 도평리의 서관음사(西觀音寺)도 그 가운데 하나다. 절터에 지금은 감귤농장이 들어섰다. 거대한 레미콘공장이 인접해 있다. 서관음사가 위치한 일대의 토양은 기와나 벽돌을 굽기에 적당했다. 서관음사를 중창한 이세진 스님은 사내(寺內)에 기와공장을 세울 만큼 개명했다. 1939년 관음사포교당인 대각사에 제주강원을 설립해 학인들을 양성하는 등 근대 제주불교를 대표하는 강사였다. 서관음사는 1945년 제주불교승려대회의 중추였던 오이화, 이일선, 원문상 스님들의 지대방이었다. 마을의 선각자들이 시국을 토로하던 장소였던 절은, 도평리 마을주민 80여 명이 학살되던 1949년 1월 3일 방화됐다. 무장대로 변장한 경찰과 군인들은 주민들을 소집해 도평국민학교로 몰아넣은 뒤 무차별 총격을 자행했다. 학살을 마친 토벌대는 아랫마

제주도 사찰의 피해도 극심했다. 조계종 제23교구본사 관음사를 비롯해 35곳의 사찰이 전소됐다. 26곳은 복원됐고 나머지는 여전히 폐허다. 제주시 도평리의 서관음사(西觀音寺)도 그 가운데 하나다.

을로 내려오면서 차례로 불을 질렀다. 맨 처음 불탄 건물이 서관음사다. 이세진 스님은 4.3 발발 직후 도당사령부에서 활동하다가 경찰에 붙잡혔고 제주항에서 수장됐다.

오늘날 서관음사는 과연 절이었는지도 분간할 수 없다. 사지(寺址)에 흔히 보이는 당간지주나 주춧돌조차 없다. 허름한 외층짜리 시멘트 건물 하나만 숲 속에 짓이겨져 버려졌다. 폐사되고 한참 지난 뒤인 1970년대 누군가 지어놓은 집이란다. 나라에서 유일하게 야자수를 자라게 하는 남녘의 햇살이 흉가에 번졌다. 아무도 기억해주지 않는 죽음을 자연이 챙겨주고 있었다.

인간은 인간이 아니고 싶은 마음과 인간답고 싶은 마음, 남을 이기고 싶은 마음만큼이나 남을 돕고 싶은 마음이 혼재하는 동물이다. 어떤 인연을 만나느냐에 따라 자비와 광기가 교대로 나타난다. 거기엔 순서도 없고 확률도 무의미하다. 천방지축 중구난방의 연속이다. 이런 인간이 이념을 만들고 역사를 만든다. 인간이 저지른 최악의 상황은 역설적으로 최선의 상황도 꽃피울 수 있다는 반증이 된다. 사람과 사람 사이의 섬은 그렇게 두렵고 설렌다.

의정부
망월사의

위안스카이

'절대 자유'에
 초를 치는 물건

지하철 1호선 망월사역의 이름은 망월사에서 따왔다. 역과 절 사이에는 거리가 좀 있다. 여기서 3킬로미터 이상을 걸어야 한다. 망월(望月). 달을 찾아가는 길은 그리 팍팍하지도 그렇다고 녹록하지도 않았다. 보폭이 길어도 1시간 30분은 잡아야 할 여정이다. 중력은 평소 산과는 담을 쌓고 살아온 게으름뱅이에게 본때를 보여주려 애썼다. 심장은 이쯤에서 그만두라고 가슴을 두들기며 만류했다. 그러나 세상과 부지런히 싸우느라 단련된 오기도 호락호락하게 굴복하지 않았다. 아(我)와 비아(非我)의 뒤엉킴 속에서 내가 나임을, 살아있음을 뼈저리게 느꼈다.

　망월사는 서기 639년 선덕여왕의 명을 받아 해호(海浩)라는 스님이 창건했다. 경주의 월성을 바라보며 왕실의 흥륭을 기원한다는 취지에서 망월이라 명명했다고 전한다. 월성(月城)은 신라 임금들의 궁궐이었다. 대웅전 동쪽에 토끼 모양의 바위가 있고, 남쪽에는 달처럼 생긴 봉우리가 있어 마치 토끼가 달을 바라보는 모습을 하고 있다는 데서 유래했다는 이설도 있다. 639년이면 한강 유역을 일찌감치 점령한 신라가 삼국통일을 목전에 둔 시간대다. 한 나라의 최전방, 험한 산세에 위치했다는 점에서 당시 망월사의 군사적 기능을 미루어 짐작할 수 있다. 적군의 동태를 살피며 아군을 먹이고 재우는 요새로서의 역할을 했으리란 생각. 망월사는 창건 후 여러 차례의 병화에 시달리다가 한국전쟁 때 전소되는 불운을 당했다. 오늘날의 망월사는 전쟁을 위해 일하지 않는다. 종교나 여가를 즐길 목적으로만 활용될 뿐이다.

　겨우겨우 올라간 보람은 컸다. 공기가 맑고 풍광이 훤하다. 의정부시 전체가 시야에 들어온다. 더 이상 기어오르지 않아도 된다는

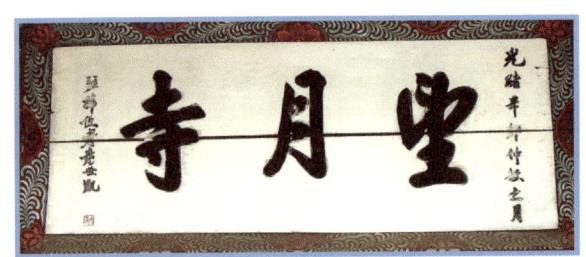

지장전에 걸린 망월사 현판은 위안스카이의 글씨다. 세속을 비웃고 부처마저도 비웃었던 '절대 자유'에 초를 치는 물건이다.

안도감에 심장은 유순해졌다. 물론 사찰에 도착했다고 산길이 끊어지는 것은 아니다. 가파르고 협소한 공간 틈틈이 전각을 세웠고 이동하려면 반드시 계단을 이용해야 했다. 낙가보전을 지나면 천중선원(天中禪院)의 드넓은 마당이 드러난다. 천중선원은 근현대 선지식 용성 스님이 머물며 납자들을 가르쳤던 역사적인 선불장(選佛場)이다. 욕쟁이 스님으로 유명한 춘성 스님의 기운도 선연하다. 그야말로 하늘의 한가운데서(天中) 마음을 쓰다듬을 수 있을 만한 청정도량이다. 그래서 지장전에 걸린 망월사 현판이 더욱 이물스럽다. 세속을 비웃고 부처마저도 비웃었던 '절대 자유'에 초를 치는 물건이다.

망월사 지장전은 정면 5칸 측면 3간 규모의 맞배지붕 건물이다. 지금은 지장보살을 모신 기도공간이지만, 본래 천중선원에서 정진하던 선객들이 내려와 밥을 먹고 쉬던 공양간이었다. 이름도 선적인 풍취가 깃든 무위당(無爲堂)이다. 무위당 편액 위로 '寺月望'라고 쓴 편액이 나란히 걸렸다. 뜨악하게도 위안스카이(袁世凱, 1859~1916)의 글씨다. 편액의 좌측엔 '주한사자원세개(駐韓使者袁世凱)' 우측엔 '광서신묘중추지월(光緖辛卯中秋之月)'이라는 글귀가 세로로 쓰였다.

광서는 청나라의 제11대 황제였던 광서제(재위 1874~1908)를 뜻한다. 그가 재위할 당시의 신묘년, 서기로 따지면 1891년이다. 중화민국의 초대 총통이었던 위안스카이가 이 해 추석 무렵에 망월사에 다녀갔음을 알 수 있다. 이 시기쯤이다. 그가 절에서 무엇을 했는지 확인해 줄 사람은 없다. 100년이 넘는 세월과 한국전쟁마저 용케 견뎌낸 편액의 내력은 오리무중이다.

다만 정사(正史)의 기록으로 편액과 관련된 그의 행적을 헤아릴 수는 있다. 1882년 임오군란이 발발하자 위기에 몰린 명성왕후는 청나라에 급히 구원을 요청했다. 이에 청조의 총리대신 리훙장(李鴻章)은 젊은 인재였던 위안스카이를 천거했고 그는 군사를 이끌고 조선에 입국해 한성을 방위하는 책임자가 됐다. 이후 조선 주재 총리교섭 통상사의(總理交涉通商事宜)에 부임해 한성에 살았다. 조선의 내정과 외교를 간섭하면서 적수로 떠오른 일본의 동정을 살피는 게 그의 임무였다. 1894년 청일전쟁에서 패배해 본국으로 도주하기 전까지의 일이다. 서울에 체류하던 어느 날, 교외를 유람하다가 망월사에 들러 자신의 왕림을 스스로 기렸던 것 같다. 편액의 필체는 심심한 편이다. 문외한이 봐도 그다지 뛰어나지 않다.

위안스카이는 한국 불교계와 무관했다. 게다가 불교가 지향하

망월사 지장전은 정면 5칸 측면 3칸 규모의 맞배지붕 건물이다. 지금은 지장보살을 모신 기도공간이지만, 본래 천중선원에서 정진하던 선객들이 내려와 밥을 먹고 쉬던 공양간이었다.

는 정신과도 어울리지 않는 인격이었다. 그는 탐욕이 이끄는 길로만 골라서 다녔고 눈부신 성공을 거뒀다. 청일전쟁 이후 본국으로 복귀한 위안스카이는 톈진에 주둔하던 정무군에 파견된다. 정무군을 신식 병기로 무장한 신건육군(新建陸軍)으로 재편하면서 무시할 수 없는 군벌로 부상했다. 1898년 무술정변이 일어나자 개혁파 동지들을 배반하고 서태후의 아래로 들어가면서 대망(大望)에 접근했다. 이듬해 의화단 운동을 진압하면서 절대 권력의 신임을 받게 된다.

반대파의 훼방으로 잠시 주춤하던 위안스카이는 1911년 신해혁명으로 인생을 통째로 바꿀 기회를 맞았다. 무창에서 민중봉기가 발생하자 조정은 그를 내각총리대신으로 임명, 육군과 해군의 군권을 전부 넘겨주었다. 고양이에게 부뚜막을 맡긴 격이었다. 위안스카이의 대군은 수도 베이징으로 진격해 쿠데타를 성사시켰다. 그는 민주혁명 세력의 수장이었던 쑨원(孫文)과 막후 협상을 벌여 자신을 초대 총통으로 선출시켜준다는 조건으로 공화정 체제에 동의했다. 총통으로 취임한 위안스카이는 4년 뒤 또 한 번 선택의 기로에 선다. 1915년 일본제국주의는 그에게 황제라는 조건을 걸고 '21개조'를 요구했다. 21개조란 1차 세계대전으로 여념이 없는 독일이 갖고 있던 산동성의 권익을 일본에게 넘겨준다는 것과, 남만주와 내몽골 일부를 일본에 조차한다는 것이 골자였다. 거의 매국(賣國)을 하라는 요구였지만 위안스카이는 전후사정 볼 것 없이 당근을 덥석 물었다. 1915년 12월 일본의 비호 아래 중화민국 연호를 폐지하고 중화제국 대황제가 되어 하늘에 제사를 올렸다. 그의 본색을 알아버린 민심은 분노했다. 제정(帝政)의 복고를 반대하는 시위가 전국에서 우후죽순으로 일어났다. 자신의 계파마저 등을 돌리자 겁먹은 위안스카이는 득달같이 군주제를 취소하고 다음 기회를 노렸다. 그러나 거기까지였다. 요독증. 다음 기회가 오기 전에 죽음이 먼저 왔다.

"누구나 죽을 걸 알면서도 … 살잖아." 드라마 '내 이름은 김삼순'에 나오는 명대사다. 등산을 하면 인생의 모순에 대해 곱씹게 된다. 어차피 내려와야 할 길인데도 쉽사리 발길을 돌리지 못한다. 죽음이 모든 것을 파괴할 줄 알면서도 발버둥치고 몸부림친다. 진정 나를 위한 것인지 잘 분간도 안 된다. 어쨌든 살아야 한다는 맹목만이 시퍼렇게 살아 있다. 무심히 돌멩이도 차보고 꽃도 짓밟으면서 그렇게, 기어이, 간다.

괴산 공림사의
송시열

죽을 때까지 죽여야 하는
실존의 지겨움

공림사(公林寺)의 공은 본래 공(空)을 썼다. 사적비에 따르면 신라 경문왕 때 자정 국사(慈淨國師)란 스님이 지은 사찰로 전해진다. 도(道)와 덕(德)이 높아 사방에 이름을 떨쳤다. 우러러보던 임금이 국사로 봉하자 스님은 낙영산 속으로 숨어들었다. 거기서 초막을 짓고 살았는데 임금이 이를 알고 '공림(空林)'이란 이름을 사액했다. 다만 사적비 이외의 역사는 신라에 자정이란 법명의 스님이 살았다고 기록한 적이 없다. 아마도 고려 후기 자정 국사 미수 스님(彌授, 1240~1327)을 혼동한 것 아닌지.

공림은 '나뭇잎이 떨어진 공허한 숲'을 이른다. 과연 단풍에 휘감긴 공림사는 절경이었다. 창건 이후 사찰은 무럭무럭 커졌다. 자정의 삶을 숭모한 함허득통(涵虛得通, 1376~1433) 스님이 법당과 요사를 다시 세워 몸을 찌웠다. 괴산은 험준한 죽령을 거치지 않고 곧장 영남으로 넘어갈 수 있는 길목이었다. 적들이 선호해 마지않는 길이었고 공림사는 임진왜란으로 몸을 잃었다. 1688년과 1720년에 있었던 중수는 한국전쟁이 없던 일로 만들었다. 수령 천년을 헤아리는 괴목 한 그루만 용케 목숨을 부지했다. 괴목은 특유의 거칠고 두툼한 몸짓으로 장수(長壽)의 희열을 발산했다.

1994년 종단개혁 시절 조계종 총무원장을 지낸 탄성(呑星) 스님이 1981년 중흥불사를 시작했다. 스님은 절을 손보기 전에 이름부터 바꿨다. 공(公), 귀인(貴人)이라는 뜻이다. 전란 통에 번번이 빈숲으로 전락하는 운명을 고쳐주고 싶었던 것이다. 그만큼 절을 사랑했다. 손수 연장을 쥐었고 버스 탈 돈까지 자재비에 털어 넣었다.

오늘날 공림사에 보이는 대부분의 인공(人工)은 당신과 제자들 덕분이다. 전문적인 목수를 제외하면 인부는 모두 스님들로 꾸려졌다. 예닐곱 명이 손수 나무를 날랐고 나무 값을 대기 위해 논밭을 갈

앉다. 주지 혜우 스님은 탄성 스님의 상좌다. 스님이 기억하는 스승은 지역 내 버스 배차시간과 서울의 지하철 노선을 줄줄 외웠던 분이다. "춘궁기에 힘들었던 살림을 생각하면 대중교통 이용도 사치"라고 가르쳤다. 변변한 전각 없이 땅만 넓었던 절에 조금씩 위엄과 영성이 생겼다. 감인선원(堪忍禪院)을 운영하고 있으며 서른 명은 족히 생활할 수 있는 수련시설도 마련했다. 공림사의 낙엽이 아름답게 여겨진 이유는 주변에 살아있는 것들이 건강했기 때문이다. 세상이 공(公)을 누리려면 인간은 공(空)을 택해야 한다는 것. 눈에는 분명하게 보여도 막상 손에 쥐기엔 껄끄러운 이치.

낙영산은 속리산을 조산으로 한 바위산이다. 해발 746미터로 백악산과 도명산, 화양계곡과 용대천 사이에 솟았다. 암골미(巖骨美)가 뛰어나 두꺼비바위 코끼리바위와 같은 기암이 많다. 해가 뜨면 산의 뼈들은 그림자가 되어 땅으로 물로 곧추 내리꽂혔다. 얼마나 서슬이 강했는지 낙영(落影)의 잔상은 멀리 중국의 낙양까지 뻗쳤고 당 태종이 기겁했다는 전설도 전한다. 낙영산의 등산로는 으레 공림사–낙영산–도명산–화양계곡으로 잡는다. 짧지만 위험한 길이다.

화양계곡은 아홉 개의 골짜기가 눙친 물길로 신선이 점찍을 만한 별천지다. 실제로 신선들이 넓은 반석 위에 앉아 술잔을 주고받았다는 파곳은 제9곡이다. 제4곡인 금사담(金沙潭) 윗자락에 암서재(巖書齋)가 놓였다. 우암(尤庵) 송시열(宋時烈, 1607~1689)이 정계 은퇴 후 책을 읽고 글을 썼던 처소다. 공림사에서 차량으로 10분 남짓 거리에 그의 묘소가 있다.

송시열은 한국의 유학자 가운데 자(子)라는 칭호를 부여받은 유일한 인물이다. 공자의 적통을 이었다는 뜻이다. 죽은 지 5년 만에 공자를 비롯한 성현들의 위패를 안치한 문묘(文廟)에 추증됐다. 1787년

공림사(公林寺)의 공은 본래 공(孔)을 썼다. 사적비에 따르면 신라 경문왕 때 자정 국사(慈靜國師)라는 스님이 지은 사찰로 전해진다.

조선 정부는 『송자대전(宋子大全)』을 편찬하면서 그가 성인(聖人)임을 공식화했다. 얼핏 영예로운 고종명을 맞았을 것 같지만 그의 죽음은 비참했다.

장희빈의 아들이 태어난 바로 다음 해인 1689년 왕세자로 책봉됐다. 우암은 명분에 죽고 사는 위인이었다. 이를 시기상조라 하여 반대하는 상소를 올렸다가 장희빈과 남인의 미움을 사 제주도에 유배됐다. 이어 국문을 위해 서울로 호송되던 중 마음을 바꾼 숙종이 전북 정읍에서 사약을 내렸다. 여든의 노구에 피를 쏟는 험한 꼴을 당한 우암은 서인에서 분화된 노론의 요구로 사후 명예를 회복했다. 같은 임금이 잔인하게 죽이고 성스럽게 부활시켰다. 목을 자른 뒤에 황금으로 된 감투를 씌워준 셈이다.

이른바 예송(禮訟) 논쟁은 17대 왕 효종이 죽었을 때 그의 계모였던 자의대비(慈懿大妃)가 입어야 할 상복을 두고 서인과 남인이 벌인 입씨름이다. 성리학적 질서로 봉인된 조선 사회는 예가 곧 법이었다. 효종이 인조의 장남이 아닌 차남이었고, 비록 왕위에 올랐더라도 어쩔 수 없는 차남이므로, 대비는 3년 복이 아닌 1년 복만 입으면 된다는 게 우암과 서인들의 주장이었다. 그들의 논리는 이념적 아버지였던 주자(朱子)의 가례(家禮)에 의거했다. 반면 남인은 효종이 차남이더라도 엄연히 왕통을 이은 적자이므로 3년 복이 옳다고 주장했다. 한쪽은 법대로 하자는 것이었고 다른 한쪽은 융통성을 발휘하자는 것이었다. 남인은 우암이 효종의 정통성을 부정하고 있다며 집요하게 몰아세웠지만, 우암은 기어이 자신의 의지를 관철시켰다. 서인이 정국을 주도하게 된 기해예송(1659)이다.

예송논쟁은 단순히 예법 해석에 따른 갈등이 아니라 지난했던 권력 투쟁의 편린이다. 인조반정과 공신들의 논공행상, 청나라의 침공과 삼전도의 항복, 청나라를 이용하려 했던 소현세자와 청나라에 복수하려 했던 봉림대군(효종) 그리고 봉림을 편애했던 인조, 신권강화 세력과 왕권강화 세력의 충돌, 인현왕후와 장희빈의 대리전, 장희빈의 죽음과 영조의 즉위로 인한 노론의 일당독재 체제 확립, 정조의 등장으로 재기했다가 정조의 죽음으로 영구 몰락한 남인 …. 벼슬아치

송시열의 묘.
충북 괴산군 청천리에 있다.

라면 누구나 입장해야 할 복마전(伏魔殿)이었다. 임금은 권위를 지키기 위해 편파를 즐겼고 신하들은 살기 위해 서로를 물어뜯었다. 우암 역시 파직과 복권을 반복하며 오기를 다지고 권력을 찌웠다. 우리나라 '보수'의 원조는 오래 사는 것이 이기는 것임을 보여줬다. 그러나 최후의 승자는 언제나 누구에게나 그렇듯 죽음이었다.

붕당정치를 바라보는 시각차는 뚜렷하다. 편 가르고 싸우기 좋아하는 민족성의 극명한 발로라는 설은 전형적인 식민사관이다. 그러나 학문적 사상적 견제를 통한 건전한 정치문화 실현이라는 주장도 집권당의 비리와 부패 앞에서 빛이 바랜다. 우암에 대한 평가도 엇갈린다. 그의 위상은 '공맹(孔孟)과 정주(程朱)에 못지않은 도학을 완성한 군자'와 '시대의 변화를 간파하지 못한 채 허학(虛學)이나 일삼던 권신' 사이에서 아직도 거처를 잡지 못했다.

> 골짜기의 연하 개려 하는데 (洞裏烟霞鎖欲開)
> 깊은 밤 별빛 아래 잠깐 배회했네 (夜深星斗暫徘徊)
> 시냇물에 가을 달빛 밝음 생각하니 (想得潭溪秋月白)
> 이 인생 어느 날 다시 찾아올까 (此生何日溯來).

우암이 공림사를 둘러본 뒤에 지은 '공림사중영회(空林寺中詠懷)'라는 시다. 가을에 녹아내리는 자연을 보면서 영욕의 세월을 곱씹었던 것 같다. 부활하고 싶다는 건지 윤회의 사슬을 끊고 싶다는 건지 본심을 분명하게 드러내지 않았다. 삶에 대한 희망과 공포가 혼재한다. 자연이 공(空)하면 아름답지만 인간이 공하면 추하다. 입어야 하고 먹어야 한다. 빼앗지 않으면 빼앗기고 욕하지 않으면 욕먹는다. 죽을 때까지 죽여야 하는 실존의 지겨움.

익산
숭림사의
달마

웃기면서
죽는다는 것

I knew if I stayed around long enough,
something like this would happen

(우물쭈물하다가 내 이렇게 될 줄 알았지)

세계적인 극작가 버나드 쇼(Bernard Shaw, 1856~1950)가 자신의 묘비에 직접 남긴 유언이다. 사뭇 뼈 있는 농담은 휴대폰 광고카피로도 인용돼 만만찮은 인기를 모았다. 노벨문학상과 아카데미상을 동시에 받은 유일한 작가인 그는 독설의 지존이었다. 희곡만큼이나 훌륭한 유머로 남의 염장을 질렀다.

당대 최고의 무용수 이사도라 던컨과 주고받은 편지가 압권이다. '당신의 머리와 나의 몸을 가진 아이가 태어나면 굉장하지 않을까요.' '내 몸과 당신의 머리를 가지고 태어난다면 얼마나 끔찍할지 생각해보시오.' 정재계를 비롯한 영국의 모든 사회지도층 인사들에게 무더기로 날린 전보도 유명하다. '다 들통 났음. 어서 도망쳐라.' 전보를 받은 거물들이 은행에서 돈을 인출하느라 국가 금융시스템이 마비됐다는 후문(?)이다. 이 시대 최고의 작가 10명을 추천해 달라는 출판사의 요청에 자기 이름을 10번 써서 보내며 남긴 말 역시 기가 찬다. '남들이 오만하다고 생각하지 않을 정도의 자신감은 쓸모가 없다.' 주먹을 부르는 화법으로 급기야는 자신의 뺨까지 후려쳤다. 본인 위주 성격을 전제하면 최후의 개그는 일견 자학적이어서 이채롭다.

선종의 초조 보리달마는 '오직 마음뿐' 이라는 담박한 논리로 번쇄한 훈고학에 사로잡힌 불교계에 혁명을 일으켰다. 당신의 사상은 자서(自書)로 추정되는 『혈맥론(血脈論)』에 잘 나타난다. '마음 밖에 불성은 없다(心外無佛性).' 앞 부처님과 뒤 부처님이 마음으로써 마음을 전했을

뿐 문자는 세우지 않았음이라(三界混起 同歸一心 前佛後佛 以心傳心 不立文字).'

이것은 선의 태동이자 조계종의 골격이다. 스님은 서기 495년에 입적했다. 436년이나 528년에 열반했다는 설도 곁으로 전한다. 입적의 시기뿐 아니라 입적의 형식에 대해서도 추측이 분분하다. 바람 같은 행적과 괴이한 생김새 덕분에 달마는 영험의 상징으로 오래도록 전승됐다. 물론 전설적 선지식이 남긴 건 거대한 달마도 시장만은 아니었다.

'강의 뗏목이 옥빛 물결을 헤치고 햇불을 비춰 금 자물쇠를 연다. 다섯 입이 같이 가는데 구(九)와 십(十)에 분별하는 생각 없다(江搓分玉浪 管炬開金鎖 五口相共行 九十無彼我).'(『조당집』) 스님이 당시 승단을 지배했던 보리유지 삼장과 광통 율사의 질투로 독살 당할 때 남긴 열반송이다. 어이없는 말장난 같지만 자세히 살피면 숨어 있던 해학이 드러난다. 강과 뗏목은 각각 흐른다(流)와 버틴다(攴)는 뜻을 내포한다. 거기에 삼장(三藏)과 비슷한 모양의 옥 물결(玉浪)을 보태면 보리류지 삼장이 된다. 햇불은 빛난다(光)는 뜻이고, 연다는 건 통(統)자의 의미다. '열다 … 소통하다 … 총괄하다' 쯤으로 연상하다보면 그럴듯하다. 곧 광통을 빗댔다. 금쇄(金鎖)는 독약을 암시한다. 독약도 자물쇠처럼 목숨을 잠가버리니까. 요컨대 고도의 비유로 암살자를 에둘러 밝히고 있다.

숭림사는 1960년대 불교정화운동의 혼란 이후 한동안 방치되다시피 했다. 거의 모든 문화재를 도둑맞았다. 들고 갈 수 없는 보광전(普光殿, 보물 825호)만 몸을 건사했다.

죽을 때까지 정적(政敵)의 신명을 밝히지 못할 만큼 기구한 사연이 있었던 건진 모르겠다. 핵심은 다음 구절에 있다. 오구(五口)는 '나 오(吾)' 자를, 구십(九十)은 '마칠 졸(卒)' 자를 파자한 것이다. '(그들이) 나와 함께 불법을 펴다 시기하는 마음을 내어 싸웠지만, 세상을 하직할 때가 되니 너입네 나입네 따지고 으르렁거릴 필요를 못 느끼겠다' 는 여유이자 용서다. 쇼는 웃겼으되 울면서 갔지만, 스님은 웃기고 웃으면서 갔다. 천재와 도인의 차이다.

숭림사는 달마가 9년간 면벽좌선했던 숭산 소림사에서 이름을 따왔다. 숭산(崇山)의 '숭' 과 소림(少林)의 '림' 이다. 우리나라 최초의 선종 사찰임을 기리는 명칭이지만 전거는 없다. 창건연대를 봐도 알리바이가 어긋난다. 숭림사는 신라 경덕왕 재위 시인 8세기 중반 혹은 고려 충목왕 1년인 1345년에 세워졌다는 두 가지 설이 있다. 반면 한국 선의 발원으로 공인된 구산선문(九山禪門)은 9세기에서 10세기 사이에 나타났다. 경덕왕 당시라면 너무 빠르고 충목왕 당시라면 너무 늦은 셈이다. 서해와 맞닿은 지리적 특성에 기대어 만들어낸 낭설일 가능성이 높다. 다만 1345년 이후는 기록이 확실하다.

백제는 익산 인근의 포구 웅포를 통해 중국의 문물을 발 빠르게 흡수했다. 불교문화 역시 바닷길로 들어왔다. 대표적인 지역유물이 익산 미륵사지 석탑.『북사(北史)』나『수서(隨書)』와 같은 중국의 사서들은 "백제엔 승려와 절, 탑이 많다"고 했다. 문헌이 거론한 사찰은 미륵사(彌勒寺)를 비롯해 수덕사(修德寺), 흥륜사(興輪寺), 왕흥사(王興寺), 칠악사(漆岳寺), 사자사(師子寺), 제석정사(帝釋精舍) 등 12곳. 오늘날 예산 수덕사말고는 모두 사라졌다.

익산의 풍경은 여느 중소도시와 다를 바 없다. 공기가 비교적 맑은 편이고 시내에서 8차선 이상의 도로를 볼 일이 요원하다. 서울 사람들이 오가기 위한 역이나 터미널에서 벗어날수록 문명도 점점 가라앉는다. 익산역을 나서자마자 '배숙이가 배로 뛰겠습니다' 라고 적힌 총선 당선자의 사례(謝禮) 플래카드가 눈에 들어왔다. 택시는 웅포면 방향으로 달렸다. 중앙사거리만 지나면 길은 정체와 병목을 용납하지 않는다. 교외를 벗어나기 직전쯤에 원불교 중앙총부를 만났다. 1924년 9월 원불교의 교조 박중빈이 교법을 완성한 후 교화 기지로 건립한 곳이다. 4000평에서 시작했지만 지금은 10만 평이 넘는다. 끝없이 이어지는 담벼락은 정확히 25배 성장한 교단의 다부진 영역 표시처럼 느껴졌다. 숭림사 주지 지광 스님은 "인구는 33만에 불과한데 교회는 600여 개인 동네가 익산"이라고 말했다.

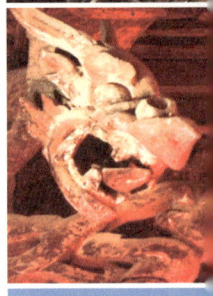

면내로 들어서면 바로 시골이다. 벚꽃길은 비할 바 없이 아름다웠다. 누추한 논밭과 민가가 엉킨 끝자락에 숭림사가 서 있다. 벚꽃의 향연도 여기서 끝난다. 경내는 부잣집 마당 정도밖에 안 되는 규모다. 자로 잰 듯 매끈하게 뽑힌 전각들은 벚나무숲 뒤에 숨어 가지 사이로 삐져나오는 봄볕에 몸을 덥혔다. 조붓하면서도 정갈한 질서가 돋보인다. 숭림사는 종교마저 서로 경쟁에 내몰려야 하는 자본의 지대로부터 멀찌감치 비켜서 있다. '마음 마음 마음이여, 알 수 없구나. 너그러울 때는 온 세상을 다 받아들이다가도 한번 옹졸해지면 바늘 하나 꽂을 자리 없으니(『보리달마』「안심법문」).' 입에 문자를 담지 않는 절은 어디나 언제나 조용하다. 조용해야 절이다.

닫집은 이른바 집 속의 집이다. '닫'은 '따로'의 옛말이다. 곧 집 안에 따로 지은 또 하나의 집인 격이다. 덮개라는 뜻도 된다. 인도는 더운 나라다. 부처님이 설법할 때면 햇볕을 가리기 위한 산개(傘蓋)를 설치했다. 이것이 훗날 불교조각으로 수용되면서 닫집이 된 것으로 여겨진다. 무엇보다 부처님을 기리는 집이 법당이다. 옛 사람들은

부처님을 위해 천장을 꾸미는 일에도 소홀하지 않았다. 닫집을 설치하는 목적은 불국(佛國)의 성스러움을 법당에 재현하는 것이다. 지광 스님은 20년 넘게 절을 지켰다. 숭림사는 1960년대 불교정화운동의 혼란 이후 한동안 방치되다시피 했다. 거의 모든 문화재를 도둑맞았다. 들고 갈 수 없는 보광전(普光殿, 보물 825호)만 몸을 건사했다.

17세기 무렵에 지은 건물로 조선 후기 건축양식을 잘 보여주는 성보다. 보광전의 닫집은 놀라웠다. 수평의 미학에만 길들여져 수직도 그만한 성적을 낼 수 있음을 미처 알지 못했다. 보광전은 전혀 다른 시각에서 자신이 지닌 또 다른 조형미를 과시했다. 우선 나무를 세밀하게 조립한 태가 압권이다. 들보에는 용의 머리 위로 봉황이 난다. 신화 속의 동물들은 여기가 극락이요 열반임을 웅장한 몸짓으로 천명하고 있다. 닫집 한편의 용은 내려가고 싶어 미치겠다는 표정으로 눈망울을 희번덕거렸다. 멀리서 보면 무섭지만 가까이서 보면 웃긴다. 그게 허상이란 걸 알기 때문이고 내려올 수 없다는 걸 알기 때문이다.

웃음을 유발하는 방법은 크게 두 가지로 나눌 수 있다. 남을 뭉개거나 혹은 나를 뭉개거나. 말밥에 올릴 대상은 누가 됐든 무엇이 됐든 상관없다. 조롱의 깊이가 관건이다. 패러디. 목숨이든 진리든 철석같이 믿고 있는 '의미'들을 얼마나 통렬하게 해체하느냐에 따라 개그의 성패와 우열이 갈린다. 부처님오신날을 앞두고 보광전엔 수많은 인등이 걸렸다. 법당 전체가 붉게 물들었다. 등을 내다치우면 눈부신 만상은 흔적도 없이 사라질 것이다. 불을 켜고 끄는 일처럼 생사를 받아들일 수 있다면 웃을 일이 지금보다 훨씬 많을 것이다. 그 새털 같은 꽃잎을 시간에 죄다 빼앗기고 진부한 녹색으로 연명할 벚나무는 또 얼마나 우스꽝스러울지.

절
바깥의
풍.경.

서산 부석사의 기러기
밀양 표충사의 산들늪
서귀포 봉림사의 하논
대구 부인사의 포도밭
영주 희방사의 기차역
울산 동축사의 관일대
양산 용화사의 낙동강
남원 선국사의 교룡산성
광주 무각사의 극락강

서산
부석사의
기러기

서로 다르게 살지만,
그들도
우리였다

천수만은 우리나라 최대의 철새 도래지다. 무려 30만 마리가 모여드는 세계적인 규모다. 풍부한 먹이 덕분에 해마다 겨울이면 총 13목 44과 265종에 달하는 새떼들의 낙원이 된다. 이런저런 천연기념물과 멸종위기종, 보호야생종들이 … 지천으로 널린다. 기분 좋은 모순이다. 나라 밖으로 자랑할 만한 물굽이는, 서해안을 도륙한 원유 유출사고로부터 온전히 살아남았다. 사력을 다한 방제작업의 결과다. 무엇보다 피해가 극심했던 안면도가 병풍이 돼주었다. 등과 날개가 진갈색인 가창오리와 순백의 저어새가 일정하게 떨어져 군락을 이뤘다. 멀리서 보면 바둑돌 같다. 그들은 '알까기' 대형을 취한 채 서로를 경계하고 있다.

새들끼리만 내외하는 게 아니다. 인간과의 이격은 좀 더 살벌하다. 서해안고속도로 위의 차들은 새들처럼 빨리 달렸다. 경적이 꽤 크게 울렸다 싶으면 새들은 요란하게 날개를 퍼덕이며 뒷걸음질 쳤다. 심지어 족히 1킬로미터는 떨어져 있다 싶은데, 카메라 셔터를 누를 때마다 움찔하는 느낌이다. 인간과 새들 사이의 1킬로미터는 인공과 자연, 식욕과 공포의 거리다. 천수만은 기름띠에 전혀 상하지 않았지만 관광객들의 발길은 뚝 끊겼다. 언론이 아무리 구슬려도 회를 잘못 먹었다 탈이 나리란 걱정은 잦아들지 않는다. 망각만이 이들을 다시 움직이게 할 것이다. 새들은 시커먼 기름을 뒤집어쓰고 죽어간 동료들의 불운을 아는지 모르는지 태연하게 물질을 했다. 서로 다른 것을 먹고 다른 데서 자도 사람과 새들은 비슷하게 살았다. 살아남은 것들이 뻔뻔하게 잘 살아갈수록 풍경은 아름다웠다.

부석사는 천수만 철새 탐조를 활용한 템플스테이를 운영하고 있다. 네이버 검색창에 부석사라고 치면 맨 윗줄에 영주 부석사 사이트가 뜬다. 서산 부석사는 영주 부석사를 지은 의상 대사가 서기 677

년 건립했다. '浮石(뜬 바위)'이라는 사찰 이름도 동일하다. 새만금 개발의 모태가 된 1980년대 간척사업 전만 해도 천수만의 논밭은 전부 바다였다. 부석사가 위치한 부석면 지역도 물 아래 있었다. 그때 거기에 솟아 있었던 8개의 바위섬에서 사찰의 이름이 유래했다. 의상 대사와 선묘낭자 간의 '플라토닉 러브'를 노래한 창건설화도 영주 부석사와 같다. 중국과 마주한 서산의 지리적 특성을 고려하면, 의상 대사가 당나라 유학에서 돌아와 고국에 처음 세운 절은 영주 부석사가 아니라 서산 부석사인 게 옳다. 하지만 세인들의 상식 속에선 여전히 뒷줄로 밀린다. 오랫동안 퇴락해 있던 사세 탓일 것이다. 한국의 근대화는 서울과 부산을 잇는 선분 위에서만 집중적으로 빛났다. 빗금의 중간에 어설프게라도 걸친 영주에 비하면 서산은 검은 땅이다.

  서해안 개발의 혜택과 함께 주지 주경 스님이 불사에 매진해 이제는 제법 사격을 회복한 편이다. 뭇사람들 가운데서 용을 추려낸다는 뜻의 '목룡장(牧龍莊)'과 지혜의 검을 찾는다는 '심검당(尋劍堂)' 현판은 근현대 한국불교 중흥조 경허 스님의 글이다. 참선도량임을 단적으로 드러내는 편액들이다. 부석사 큰방에 걸려있는 '부석사(浮石寺)' 현판은 스님의 제자인 만공 스님 작품이다. 큰법당인 극락전을 중심으로 이어진 목룡장과 심검당 큰방은 누워있는 소의 모양이다. 선가(禪家)에서는 예로부터 마음을 소에 빗대 자신의 본래자리를 찾는다는 뜻으로 심우(尋牛)라는 표현을 썼다. 심검당 아래의 약수는 우유(牛乳) 약수라 부르고, 법당 옆의 큰 바위는 소뿔의 형상을 했다. 법당 건너편 개울 아래엔 소가 마실 물이 흐르는 여물통이 있는데, 여기서 물이 계속 넘치면 절에서 끼니를 걱정할 필요가 없다는 비기(秘記)도 전해진다. 그러나 인근 천수만의 인기로 이제 부석사를 대표하는 동물은 황소에서 철새로 교체된 분위기다. 서산 시내의 창공에서도 날아

가는 새떼들을 볼 수 있다. 우리가 저들을 점으로 보듯, 저들은 우리를 새똥으로 볼 것이다.

전 세계에 퍼진 기러기의 종류는 14종이다. 우리나라에는 흑기러기, 회색기러기, 쇠기러기, 흰이마기러기, 큰기러기, 흰기러기, 개리 등 7종이 찾아온다. 개리와 흑기러기는 천연기념물이다. 기러기는 시베리아 사할린 알래스카 등지에서 날아와 월동하다가 봄이 되면 다시 북쪽으로 돌아가는 한반도의 대표적인 겨울 철새다. 조상들은 날씨가 쌀쌀해지면 어김없이 마을에 고개를 내미는 기러기에게 수많은 별명을 붙여줬다. 북쪽에서 찬바람(朔風)을 타고 구만리를 날아온다고 하여 '삭조(朔鳥)', 서로 간에 신의가 깊어서 '신조(信鳥)', 큰 기러기와 작은 기러기를 '홍안(鴻雁)'이라고 칭했다. 서리를 전한다고 해서 '상신(霜信)', 가을과 겨울 두 계절을 지낸다고 해서 '이계조(二季鳥)'라고도 불렀다. 한의학에서는 양기에 좋다는 뜻으로 '양조(陽鳥)', 보양

천수만은 우리나라 최대의 철새 도래지다. 무려 30만 마리가 모여드는 세계적인 규모다.
풍부한 먹이 덕분에 해마다 겨울이면 총 13목 44과 265종에 달하는 새떼들의 낙원이 된다.

에 으뜸이라 하여 '왕조(王鳥)'라고 추켜세운다.

기러기의 행태에서 따온 낱말들 역시 상당하다. 안행(雁行)에서 전이된 '안항'은 기러기의 행렬이란 의미로 남의 형제를 높여 이르는 단어다. 먼 곳에 부치는 편지를 '안신(雁信)' '안백(雁帛)' '안서(雁書)'라고 한다. 혼례식 날 신랑이 장모에게 풍요와 다산을 다짐하는 징표로 나무 기러기를 바치는 전안례(奠雁禮)에서도, 신라 문무왕이 축조한 경주의 명물 안압지(雁鴨池)에서도 기러기에 대한 무궁한 관심을 엿볼 수 있다. 거위는 영어로 'goose'라고 한다. 기러기는 'wild goose.' 거위는 기러기의 변종인데 일찍이 가금으로 길러졌다. 한자문화권에서 거위를 '가안(家雁)'이라고도 부르는 것과 같은 맥락이다. 기러기의 고어는 울음소리를 본뜬 '긔려기'다. 구슬픈 음성 때문에 예로부터 연인과의 이별을 시로 노래할 때 자주 차용됐다. 왜 '긔려'를 '그려'로 읽을 순 없었는지 자못 궁금하다. 자연의 질서와 완전히 포개진 그들의 일상에선, 순응과 긍정의 힘이 덥석덥석 잡히는데 말이다.

연어의 독특한 회귀는 유명하다. 연어는 강을 역류해 산란을 하고 또 다른 짝짓기를 마친 뒤 생을 마감한다. 산란기가 되면 암컷과 수컷 모두 먹이를 먹지 않는다. 그들에겐 자살도 순리다. 철새들의 이동은 연어만큼 극적이지는 않다. 수만 킬로미터에 이르는 하늘길을 관통한다지만 죽음을 각오한 피로는 아니다. 그들은 식솔들을 전부 떠메고 와선 이 땅에 시베리아의 앙칼진 공기를 여기저기 뱉어놓는다. 한철 실컷 먹고 잔 뒤에 천수만보다 더 모질게 추운, 그래서 더 살기 좋은 동토로 되돌아간다. 똥 무더기를 아무 데나 싸놓아도 아무도 미안해하지 않고 아무도 탓하지 않는다. 사람보다 못한 짐승의 특권이다.

주말에 모처럼 바닷가를 찾은 도시인들은 철새들의 무감한 집단행동을 보고 장관이라며 난리법석을 떤다. 새들의 군집은 탑골공원

서산 부석사는 영주 부석사를 지은 의상 대사가 서기 677년 건립했다. '浮石(뜬 바위)'이라는 사찰 이름도 동일하다.

으로 피난 온 노인들이나 흥분한 시위대에선 도저히 맛볼 수 없는 형식미를 갖고 있다. 같은 조류라도 집안의 닭장에서 온갖 냄새를 풍기는 새들과는 전혀 격이 다르다. 곧 아름다움을 느끼려면 거리가 필요하다. 기러기가 얻은 건 마을에서 외진 물가라는 공간적 거리뿐만 아니다. 일 년 중 겨울에만 모습을 보이는 시간적 거리, 영장류와 조류라는 생물학적 거리를 확보함으로써 인간의 오랜 환심을 살 수 있었으리란 생각. 믿음도 사랑도 서로 떨어져서 시도해야 할 것들이다. 몸과 몸이 부딪히면 피와 땀과 눈물이 튀기 마련이다. 폭력과 굴종을 수반하지 않은 정화나 통일은 역사상에 존재하지 않는다. 끼리끼리 모여 끼리끼리 지껄이는 천수만의 새들은, 굳이 내 것으로 만들지 못해도 섭섭하지 않은 평화였다.

밀양
표충사의
산들늪

땅 밑에서
부글부글 끓고 있을
그들의 생사(生死)를 알면서도

산들늪은 물들의 낙원이다. 재약산 정상에 위치한 국내 최대의 고산습지다. 표충사 매표소에서 차로 20분쯤 올라가면 만난다. 60만 제곱미터(18만평) 규모로 해발 700미터에서 1000미터에 걸쳐 있다. 826만 제곱미터(250만평)에 달하는 산악 평원지대 사자평의 일부다. 산이 들과 같이 넓게 펼쳐졌다 해서 '산들늪'이다. 7000만 년 전 화산폭발로 생성된 것으로 추정된다. 인간에게 정복돼 본 적 없는 시원의 공간이다. 생명들은 여기서 자기들끼리 싸우고 어울렸으며 자기들끼리 나고 죽었다.

낙동강유역환경청 자연환경과 이수완 팀장의 안내로 한 바퀴 쉬엄쉬엄 돌았다. 산바람은 상쾌했지만 산들늪의 목초들은 아직 봄을 만나지 못했다. 겨우내 말라붙은 억새들의 도열은 금색 양탄자를 깔아놓은 형국이다. 눈으로만 봐선 이곳이 늪이라는 걸 가늠하기 어렵다. 걸어보면 안다. 잔뜩 물먹은 솜뭉치를 밟는 느낌이다. 이탄(泥炭) 때문이다. 이탄은 산들늪 토양의 주성분으로 죽은 동식물의 형해와 진흙이 뒤엉켜 만들어진다. 갯벌의 흙처럼 축축하고 고와서 수분을 붙잡고 있기가 용이하다. 그런 이탄이 1.5미터 높이까지 쌓였다. 표면만이 아니라 뼛속까지 흙길인 셈이다. 이수완 팀장은 "이탄이 1센티미터 축적되려면 100년에서 200년이 걸린다는 게 학계의 주장"이라고 말했다. 늪은 아득한 세월 제 몸 속에서 썩어 문드러진 몸들 덕분에 목숨을 부지하고 있었다.

4대 문명에서 보듯 인류는 물을 끼고 번성했다. 사람 이외의 종들도 마찬가지다. 산들늪엔 360여 종에 이르는 동식물이 살아간다. 생존을 위한 경쟁과 적응의 역사는 여기도 복잡하고 힘겹다. 습지 한편엔 진퍼리새와 삿갓사초가 무더기를 이뤘다. 고산습지 지표종으로

밀양 표충사. 여기서 20분쯤 걸어 올라가면 산들늪이다.

이것들이 서식해야 고산습지로 공인받을 수 있다. 죽었는지 살았는지 애매한 물건들이다. 진퍼리새는 누워서 널브러져 있고 삿갓사초는 얼핏 농부가 삿갓 모양으로 쌓아놓은 볏짚의 형상이다. 그러나 봄볕이 무르익으면 진퍼리새는 푸른빛으로 벌떡 일어서고 삿갓사초는 정수리에서 꽃을 피운단다. 웅덩이 곳곳에서 눈에 띄는 실뱀도 갸륵한 혹은 가련한 생의 단면을 보여준다. 3센티미터 길이의 청회색 괴생물체로 아직 학자들로부터 이름을 부여받지 못했다. 딱 이불 꿰매는 실의 굵기다. 가느다란 나뭇가지로 물을 휘젓자 가지를 휘감고 부득부득 버틴다. 한편에선 비단개구리알이 돌 틈에 숨어 조용히 출생을 기다리고 있었다. 투명한 우무질에 싸인 검은 수정란들은 더러우면서 귀여웠다.

　전문가들은 사자평 중앙부를 가로지른 계곡 때문에 습지 생물들의 영구적인 종족번식이 가능한 것으로 진단하고 있다. 사자평 습원의 물줄기는 멀리로는 영남 전역의 젖줄인 낙동강의 수원이자, 30만 지역주민의 식수인 밀양댐과 직결된다. 산들늪에는 다른 산지습원에서 전혀 볼 수 없는 1급수 지표종 버들치가 다량 서식하고 있는 것으로 밝혀졌다. 역시 1급 청정수에서만 생존이 가능한 가재, 계곡산개구리, 한국 특산종 장지뱀, 까치살모사, 꼬마잠자리 등이 원시상태의 생태계를 고스란히 간직하고 있다. 심지어 해외 다큐멘터리에서나 보던 식충식물 끈끈이주걱까지 산재하는 곳이다. 민찔레, 겹미나리아제비, 민계요동 같은 변종식물도 나타난다. 처음 듣는 이름들은 여기가 사람에게 익숙지 않은 공간임을 시사한다. 물의 끊이지 않는 순환과 응축으로 인해 산들늪은 열리면서 닫힌 공간적 특성을 지니게 됐다. 전체적으로 물길이 흐르면서 질서가 잡힌 반면 부분적으로 물길이 멈추면서 각종 돌연변이들이 출현했다. 물이 차고 넘쳐 생물들에겐 비옥한 터전인 반면, 물이 너무 많아 농사를 짓던 사람들은 결국 두 손 들고 떠나버렸다. 물이 얼마나 많은지 웅덩이 바로 위쪽에서 뜀을 뛰면 웅덩이에서 물거품이 일었다 꺼진다.

  산들늪은 표충사의 요청으로 2006년 12월 28일 습지보호지역으로 지정됐다(환경부고시 제 2006-213호). 자기 땅에 집 한 채라도 더 지으려는 세태에서, 토지 소유자가 자진해서 개발을 금지한 첫 사례로 세간의 귀감이 됐다. 표충사 주지 청운 스님은 이 일로 세계 습지의 날 기념행사에서 대통령 표창을 받았다. 사자평은 이른바 '영남 알프스'에 속한다. 영남 알프스는 밀양시 산내면과 청도군 운문면, 울산시 울주군 상북면 등에 걸친 고도 1000미터 이상의 산군(山群)을 가리킨다. 유럽의 알프스 버금가게 풍광이 훌륭하다. 단순히 보는 것만으로는 만족하지 못한 지자체와 기업들이 산하를 가르고 부순 뒤 그 자리에 골프장과 콘도를 들이밀었다. 산들늪의 보호지역 지정은 턱밑까지 치고 올라온 개발주의로부터 야생을 지키기 위해 내린 결단이었다.

좀 더 구체적인 계기는 늪의 정기를 야금야금 갉아먹던 도로 때문이다. 1970년대 무장공비가 청도까지 침투했을 때 당국은 주민들을 보호한다는 차원에서 산들늪에 작전도로를 개설했다. '작전'이 끝난 뒤 한참동안 방치되던 비포장도로는 차량의 숱한 왕래와 폭우로 꺼져 내렸고 심각한 후유증을 남겼다. 계곡으로 변신한 길은 수맥을 헝클어뜨렸고 물길을 무너뜨렸다. 오늘날 사자평에서 사람의 흔적을 찾아보기는 어렵다. 그러나 과거엔 굵직굵직한 인간사에 가끔씩 가담하기도 했다. 임진왜란 당시 사명 대사가 승병을 훈련시키던 곳이었고 한국전쟁 때는 빨치산이 점유하고 살았었다. 화전민의 자녀들이 다니던 고사리분교는 1996년까지 졸업생을 배출하고 폐교됐다. 원래 먹고살기 팍팍한 땅이었던데다 보호구역이 되면서 인적을 말끔히 비워냈다.

산들늪에서 인간은 멸종됐다. 인간 이외의 것들도 매한가지였다. 삼라만상의 집합소라지만 그들은 생존해 있다는 사실을 외부에 거의 발설하지 않았다. 다만 인기척을 느끼자 소란스럽게 달아나는 고라니에게서 그들의 고단한 생태를 짐작할 수 있었다. 눈으로 들어오는 건 여전히 반쯤은 겨울인 황량한 숲이었고 귀로 들어오는 건 바람소리가 전부였다.

산들늪은 물들의 낙원이다.
재약산 정상에 위치한 국내
최대의 고산습지다.

눈으로만 봐선 이곳이 늪이라는 걸 가늠하기 어렵다. 걸어보면 안다.

결국 습지는 재미없는 곳이다. 인간의 인간에 의한 인간을 위한 땅이 아니기 때문이다. 산들늪에 산다는 이름도 모양도 신기한 생물들도, 네티즌들이 인터넷에 올리는 기상천외한 UCC에 비하면 별반 놀랄 일도 아니다. 입과 손을 가진 자들이 벌이는 삶의 양태가 훨씬 다채롭고 아름다운 건 당연지사다. 물론 입과 손이 생산한 즐거움은 차마 입에 담을 수 없고 손쓰기 어려운 고통의 원인이자 결과다. 죄악 역시 눈부시게 발전하는 상황에서 인간의 진화란 도무지 믿을 수 없는 주장이다. 늪의 생명들 역시 삶은 고역이다. 먹이사슬의 최상위에 군림한 황조롱이나 살쾡이 따위 말고는 나날이 걱정이고 사고다. 하지만 수천만년을 두고 늪의 종들은 비슷한 방법으로 위기를 모면했고 비슷한 방법으로 잡아먹는다. '진화'하지 않는 그들의 고통이 부럽다. 땅 밑에서 부글부글 끓고 있을 그들의 생사(生死)를 알면서도.

서귀포
봉림사의

하논

미륵불이 언젠가 내려와 앉을
좌복 같았다

'하논'은 처음 듣는 말이었다. '크다'의 고어인 '하다'의 '하'와 '논'이 들붙은 합성어였다. 어쨌든 멋진 이름이었고 그래서 찾아갔다. 하논은 화산 분화구 위에 생성된 논이다. 제주월드컵경기장에서 동쪽 방면 4킬로미터 지점에 있다. 서귀포시 호근동과 서홍동의 접경이다. 봉림사 쪽으로 난 오르막길을 오르면 하논의 전경이 차츰 드러난다. 동서로 약 1.8킬로미터, 남북으로 약 1.3킬로미터 벌어진 타원형의 평지다. 주민들은 여기서 500년 전부터 쌀을 지어 먹었다. 밭농사가 대부분인 제주도에서는 흔치 않은 복이다.

분화구 바닥이 내뿜는 용천수의 양은 하루 1000리터에서 5000리터에 달한다. 2004년 2월 국제 심포지엄이 열려 나라 안팎 지질학자들의 주목을 받았다. 일본 도쿄도립대 후쿠자와 히토시 교수는 "이 분화구의 습지퇴적물을 연구하면 3만 년에서 6000년 전 사이에 동아시아에 언제 비가 많이 왔는지, 무슨 식물이 살았는지, 지진이나 화산이 있었는지 여부를 알 수 있다"고 말했고, 제주대 해양과학부 윤석훈 교수는 "5만~7만6000년 이전에 생성된 것으로 그 당시의 식생과 기후를 잘 간직하고 있다"고 말했다. 천연습지인 하논은 수만 년 전 창궐했던 활화산이 남기고 간 선물이다. 일만 잔뜩 저지르고 뻔뻔하게 내빼진 않았던 셈이다. 때마침 비가 내려 풍경은 짙고 가쁜 숨을 푹푹 몰아쉬었다. 비에 젖은 하논은 56억 7000만 년 만에 내려온다는 미륵불이 언젠가 내려와 앉을 좌복 같았다.

하논은 제주도 전역에 걸쳐 360개가 넘는 '오름' 가운데 하나다. 오름이란 화산섬 제주에 흩어져 있는 기생(寄生) 화산구를 말한다. 바다 밑에 잠들어 있던 땅이 크게 터지면서 수많은 오름이 거품처럼 피어올랐다. 제주도는 몸 전체가 화산이다. 화산은 100년 정도 살아서 겪을 만한 재난이 아니다. 제주도는 대한민국이 가진 가장 큰 섬이다. 본토와는 판이한 체질과 문물로 채워진 섬의 산하와 역사는 공간과 시간의 희귀성 덕분이다. 제주도의 주요 지층은 현무암. 육지에선 발아래 차이는 게 화강암이다. 현무암은 화산의 잔해다. 표면이 검고 구멍이 숭숭 뚫린 돌이다. 섬의 땅들은 물을 한 줌도 머금지 못한다. 땅으로부터 거부당한 물은 흐르고 흘러 섬의 가장자리에서 일제히 솟구친다. 민가가 해안가에만 밀집한 이유다. 하논이 이적(異蹟)으로 대접받는 이유도 된다. 만성적인 물 부족에 시달리는 주변을 비웃으며 하논은 24만 제곱미터에 이르는 기름진 몸집을 자랑한다. 하논이 식상할 때쯤이면 화구호(火口湖)와 용암동굴이 나서서 이국의 멋을 선사한다. 볼거리가 많은 지세와 사시사철 따뜻한 날씨를 업고, 섬은 쉽사리 관광자원으로 발전했다.

고등학교 시절, 제주도가 고향이었던 한문교사는 "제주도는 대한민국으로부터 반드시 독립해야 한다"고 자주 농담을 했다. 입버릇처럼 꺼내는 독립의 근거는 언어의 현격한 차이였다. 다음은 제주도 토박이가 나누는 대화의 한 토막이다. 인터넷에 소개됐다.

    A : 물찌가 언제꽝? 바당에 곹지 가게마씸.
       (물때가 언제입니까? 바다에 같이 갑시다.)
    B : 맷칠 이서사 헐거우다. 요샌 바당 쎄여 부난.
       (며칠 있어야 할 겁니다. 요즘은 바다의 파도가 높아서.)
    A : 아촘, 정지에 풋죽헌거 이신디 맨도롱 헌때 허꼼 먹엉 갑서.
       (아참, 부엌에 팥죽 끓인 것이 있는데 따뜻할 때 조금 드시고 가십시오.)
    B : 아니우다. 이땅 아이들오만 줍써. 난 집이서 먹연 마씸.
       (아닙니다. 있다가 아이들 오면 주십시오. 나는 집에서 먹었습니다.)

이쯤 되면 거의 외국어다. 물론 이것은 '설정'에 가깝다. 교통과 통신이 자유로운 오늘날 도민들은 표준어를 능숙하게 구사한다. 사투리는

봉림사는 조경(造景)이 완벽했다. 갈라지고 어긋난 역사를 꽃과 나무로 바로잡았다.

필요할 때만 쓴다. 주류가 아니다. 옛 스승의 푸념은 어쩌면 주는 것 없이 빼앗아가기만 하는 본토에 대한 반감의 표현이었다. 탐라총관부가 그랬고 이재수의 난이 그랬고 4.3이 그랬다. 하논은 멋지기 전에 낯선 낱말이다. 중앙의 권력은 최남단의 영토를 전혀 다른 방식으로 다뤘다. 신비로 읽었을 때는 여행을 왔고, 이질(異質)로 읽었을 때는 군대를 보냈다.

봉림사는 본래 용주사(龍珠寺)였다. 1929년 최혜봉 스님이 창건한 용주사는 '4.3'으로 불타 없어졌다. 스님은 1945년 12월 개최된 조선불교혁신 제주승려대회에 참여했었다. 전소될 당시 용주사엔 18평 남짓의 초가집 법당과 요사가 있었다. 불상과 탱화는 용케 챙겨 여염집에 숨겨놓았다. 1968년 대웅전을 다시 지었고 황림사란 이름으로 재건됐다. 1983년 봉림사로 사명이 거듭 바뀌었다. 지금의 대웅전은 1994년에 완공됐다. 전란 통을 피해 등에 지고 다녔다는 탱화 중 일부는 소각됐다. 남은 것 역시 법정사에 모셨다고 전해지지만 현재는 오리무중이다. 불상은 훼손이 심해 1970년대 새로 삼존불을 조성하면서 교체됐다. 오늘날 사찰에 남아있는 옛 유물은 없다. 대신 과거의 상처로 읽힐 만한 것도 없었다. 봉림사는 조경(造景)이 완벽했다. 갈라지고 어긋난 역사를 꽃과 나무로 바로잡았다.

알다시피 제주의 옛 지명은 탐라(耽羅)다. 그러나 탐라란 지명의 출처가 불교의 경전임을 아는 사람은 드물다. 고려대장경 제30권 「대아라한난제밀다라소설법주기(大阿羅漢難提密多羅所說法住記)」에는 다음과 같은 구절이 나온다. "탐몰라주 발타라 존자는 부처님 열반 후 중생들이 삼보를 호지하는 데 정법 수행할 바를 설하며 미륵불이 출현할 때까지 열반에 들지 않고 선정에 들어 중생들을 제도하고 계시며

현무암은 화산의 잔해다. 표면이 검고 구멍이 숭숭 뚫린 돌이다. 섬의 땅들은 물을 한 줌도 머금지 못한다.

석존께서 열반하실 때 무상법을 16대 아라한과 그 권속들에게 부촉하시어 수미산을 중심으로 16개국 정법이 머무는 법주도량에 파견하셨다." 탐몰라주는 탐라국을 가리킨다. 탐라는 고려 때부터 불린 명칭이며 이전에는 '탐모라국'이었다. 아울러 발타라 존자가 500나한과 함께 상주했다는 곳은 한라산의 불래(佛來)오름이다. 한라산(漢羅山)도 500나한이 바위가 되었다는 기암의 유래에서 비롯됐다. 그러나 현재 한라산의 어원에 관한 상식은 '손을 들어 은하수를 잡을 수 있을 만큼 높다는 뜻'이다. 불교가 말끔하게 탈색됐다. 부처님 당시의 인도인들이 제주도의 실체를 알았다는 점도 긴가민가하지만, 졸지에 뒤바뀐 어원도 의뭉스럽다.

　　제주도는 관광의 섬이자 불심(佛心)의 섬이다. 인구 55만 가운데 불자가 30만을 헤아린다. 한때 '당 오백(五百) 절 오백'이란 말이 회자됐다. 신당(神堂)과 사찰이 번창했다는 증거다. 바다와 맞서 싸워야만 연명할 수 있었던 섬사람들이다. 그들은 법당의 부처님에게서 피붙이의 횡사와 신산한 생계를 위로받았다. 땅은 가난했고 길은 막혔다. 뭍은 가난한 땅에서도 기어이 무언가를 뽑아먹었고 뽑아먹으러 갈 때만 길을 냈다. 절대적 열세의 상황에서 백성들에겐 갓 잡은 생선을 토막 내는 게 '수행'이었고 형제를 죽인 원수 앞에 죽창을 드는 게 '불사'였다. 먹고 사는 문제를 초월할 수 있는 생명은 없고, 실존에 앞서는 교리는 없다. 그래도 섬이 더는 거칠어지지 않았으면. 입에 묻은 피와 밥풀을 어서 걷어냈으면 하는 무력한 기대. 봉림사를 '분칠한' 자연처럼 말이다.

대구
부인사의
포도밭

역사 밖의 역사,
역사가 무시한 역사는
알 도리가 없다

일전에 어느 희곡에서 '증거가 있으면 거짓이요 증거가 없으면 진실'이라는 대사를 본 적이 있다. 눈에 보이는 것에 집착하는 현실을 꼬집는 역설이다. 물론 진실 규명에 있어 증거만큼 강하고 착한 수단도 없다. 누명을 최소화할 수 있다는 점에서 법정증거주의는 온당하다. 다만 증거가 법적 진실을 넘어 삶의 진실까지 간섭할 때, 문제는 복잡하고 답답해진다. 증거를 얼마나 많이 수집했느냐에 따라 사회적 지위가 달라진다. 눈에 보이지 않는 정직과 노력이 눈에 보이는 종이쪼가리 한 장을 못 당한다. 증거가 지배하는 세상은 허술하다.

부인사(符仁寺)는 팔공산 중턱에 자리했다. 동화사와 파계사의 중간 지점이다. 절 입구는 포도밭으로 무성하다. 비타민이 많아 피로회복과 신진대사 활성화에 좋은 과일은, 대구를 대표하는 명물인 폭염을 먹고 무럭무럭 자랐다. 포도밭은 절과 맞닿아 있지만 절 땅은 한 평도 없다. 과거의 성세를 보여주는 부인사의 당간지주가 포도밭 한쪽에 방치됐다. 얼핏 보면 그냥 돌덩이다.

『고려사』는 "명종 10년(1180) 6월 큰 비가 내려서 부인사가 있는 북산에서 큰물이 솟구쳐 나와 물에 잠기고 떠내려간 절간이 80여 칸이었으며 물에 빠져 죽은 자가 아홉 명이었다"고 적었다. 당시 홍수를 막기 위해 설치한 대수로의 일부도 지상으로 튀어나와 있다. 개인 소유지여서 추가적인 발굴이 불가능한 형편이다. 사찰의 경내지는 역대 주지 스님들의 꾸준한 불사로 원상 복구됐다. 그러나 포도밭에 묻힌 역사는 속수무책이다. 사찰에선 부인사를 국가지정문화재로 등록하기 위해 백방으로 뛰고 있다. 증거는 연약하고 증거가 발 디딘 땅은 남의 것이다. 힘든 싸움이다.

부인사의 역사적 의의는 초조대장경이 봉안됐던 사찰이라는 것이다. 초조대장경(初雕大藏經)은 거란(요, 遼)의 침략을 부처님의 신력(神力)으로 막아보고자 조성한 6000권 분량의 경판이다. 거란에 개경이 함락된 이듬해인 현종 2년(1011)에 착수해 선종 4년(1087)에 끝낸 대작불사. 우리나라 역사상 최초의 대장경이자 당시 한역(漢譯) 대장경 가운데 동양 최대였다.

왕실의 돈독한 불심과 목판인쇄 문화의 개가였던 대장경판은 개경 흥왕사에서 보관했다. 부인사로 옮긴 때는 인종 10년(1132)이다. 나라의 대보를 굳이 지방으로 이관한 까닭은 내우외환에 시달리는 수도의 불안한 정세 때문이었다. 거란의 침략은 3차에 걸쳐 일어났다. 1차와 3차 침입은 서희와 강감찬이라는 영웅 덕분에 대재앙은 면할 수 있었다. 그러나 요의 황제가 직접 거병한 2차 침입 때는 왕궁까지 점령됐다. 거란이 쇠하자 여진이 흥했다. 이자겸의 난(1126)이 지나가고 묘청의 난(1135)을 목전에 둔 상태였다. 명분을 지키려다 잿더미를 만드느니 국가 제일의 호국사찰인 부인사에 두는 것이 낫겠다는 판단이었으리라 추측된다.

팔공산의 옛 이름은 중악(中岳)이다. 중악신(中岳神)이 관장하는 성산(聖山)이었다. 어느 날 신라의 선덕여왕이 삼국통일을 발원하며 중악에서 기도를 올렸다. 중악신이 나타나 비로봉 기슭에 원당(願堂)을 지으면 소원이 이뤄질 것이라 계시했다. 부인사를 짓고 난 뒤 여왕은 부처님의 생모인 마야부인을 기리는 원당으로 정했다. 부처님의 권속을 기린 공덕으로 신력을 상속받아 통일국가의 제왕이 되고 싶다는 꿈이었을 것이다. 서기 644년의 일이다. 오늘날 사찰에선 지역민과 함께 선덕여왕 숭모제를 지내고 있다.

대장경을 부인사로 옮긴 데에는 국민총화의 목적도 깃들어 있다. 팔공산은 후삼국 시절 고려와 후백제가 패권을 다투던 격전지였

부인사(符仁寺)는 팔공산 중턱에 자리했다. 동화사와 파계사의 중간 지점이다. 절 입구는 포도밭으로 무성하다.

다. 왕건이 견훤에게 참패해 와신상담의 계기로 삼았던 공산성 전투를 떠올리면 이해가 쉽다. 피와 원한이 들끓는 산이었고 화해와 용서를 기다리는 산이었다. 결국 대장경의 이운은 나라 안의 세력끼리 뭉쳐 나라 밖의 세력에 저항하자는 대의를 수행하기 위한 결정이었으리란 생각.

한편 현종은 아버지가 조카딸과 간통해 세상에 태어난 인물이다. 어머니는 그를 몰래 낳고 죽었다. 개경 함락 당시 그의 피난길에 따르는 신하는 너덧 명이 고작이었다. 후백제의 수도였던 전주의 호족이 무서워 나주까지 더 내려갔던 사실은 서글프다. 개인사는 비참했고 왕권은 우스웠다. 따라서 장경불사는 부모의 명복을 빌고 왕권의 정통성을 복원하기 위한 몸부림이었다는 가설이다. 그러려면 왕권

부인사 입구의 민가

에 대한 신권(臣權)의 존중이 선행돼야 했다. 결국 대장경의 조성도 대장경의 이운도 가장 절실한 목적은 화합이었다.

고려의 통일 이후 정치 경제 문화의 중심지는 금성(경주)에서 개경(개성)으로 바뀌었다. 나라의 물자를 개경으로 집중시키기 위해 도로가 생기고 도시가 섰다. 공산 지역은 개경과 금성을 잇는 교통로의 요충지였다. 지나간 권력의 부를 새로운 권력으로 옮겨다 놓는 선봉으로 나섰고 개발의 혜택을 톡톡히 봤다. 극성기일 때 부인사는 서른아홉 개의 부속암자를 거느렸고 거주하는 스님은 2000명이었다. 절에는 전국 유일의 승가시(僧伽市)가 서기도 했다. 지역의 상업을 부인사가 이끌었음을 시사한다.

부인사 소장 초조대장경은 1232년 몽골의 제2차 침입 때 불타

버렸다. 그러나 방화의 장본인이 몽골군이 아닌 고려의 백성이었으리란 설도 있다. 승장(僧將) 김윤후의 공격으로 지휘관 살리타가 전사하면서 몽골군은 소백산맥을 넘지 못했다. 따라서 부인사의 대화재는 몽골군과 관련이 없다는 것이다. 외려 지역 정부가 대장경 인쇄를 위한 종이와 피륙를 얻으려 지역민들에게 과중한 세금을 전가했고, 이를 견디다 못한 백성들이 폭동을 일으켰다는 주장이다. 이때 대장경이 희생됐다는 이야기.

고려 말기의 대찰들은 가람(伽藍)이 아닌 장원(莊園)이었다. 깨달음을 향한 열정이 아닌 자본을 향한 탐욕이 결집하는 공간이었다. 국가와 결탁한 불교는 불심을 왜곡하고 민심을 등졌다. 고려와 불교의 멸망은 운명적이었다. 부인사의 영광도 이때까지다. 물론 이것은 『고려사』에 기초한 사실이다. 고려의 역사는 조선의 역사에 비해 자료가 부실하다. 조선왕조실록은 있어도 고려왕조실록은 없다. 『고려사』는 조선왕조가 편찬했다. 고려를 무너뜨린 자들의 기록이다. 고의적인 폄하와 누락이 빤히 보인다. 역사 밖의 역사, 역사가 무시한 역사는 알 도리가 없다.

책 속의 진실은 눈앞의 진실보다 못 미덥다. 그러나 눈앞의 진실은 책 속의 진실에 지는 경우가 대부분이다. 개인적 체험은 권력이 되기 어렵다. 장씨가 술을 마셨는데 이씨가 취하는 이유는 그것이 인생이기 때문이다. 사람들은 어둡고 습한 삶의 근본을 견디지 못한다. 뚜렷한 정답을 확보해 더 나은 자아를 움켜쥐려 분투한다. 인정한다. 그것이 게임의 법칙이니까. 스스로를 증명하지 못하는 삶은 가난하다.

영주
희방사의
기차역

철길은 이제
수송이 아니라
풍경으로만 기능한다

사찰에서 이름을 따온 역은 모두 9곳이다. 논산의 개태사역, 사천의 다솔사역, 의정부의 망월사역, 장성의 백양사역, 경주의 불국사역, 창원의 성주사역, 김천의 직지사역, 여수의 흥국사역, 영주의 희방사역. 전국에 골고루 분포됐다. 교회나 성당에서 명칭을 빌려온 역은 없다. 사찰의 오랜 역사성을 반증하는 대목이다. 기차가 현대의 상징이라면 사찰은 전통의 푯대다.

기차역 사찰은 현대와 전통이 뒤섞인 지점이다. 전통은 현대에 십중팔구 굴복하기 마련이지만 여기선 전통이 현대를 밀어냈다. 그러나 승리의 결과는 우울하다. 살아남은 옛것은 당당하지 못하고 가엾다. 오늘날 역에는 열차가 서지 않거나 거의 안 선다. 도로의 발달로 구태여 철로에 기댈 필요가 없는 까닭이다. 청량리발 오전 7시 무궁화호. 서울에서 희방사역으로 가는 첫차다. 두 번째 차는 2시간 뒤에 떠난다. 두 번째 차가 막차다. 이용승객은 1주일에 너덧 명이 고작이다. 이조차 주말에 몰려 있다. 평일의 역사(驛舍)는 노동으로부터 자유롭다. 가장 오래되고 가난한 열차가 아주 가끔 지나는 곳이다. 희방사역의 철길은 이제 수송이 아니라 풍경으로만 기능한다.

철도는 근대의 산물이다. 영국의 조지 스티븐슨이 발명한 증기기관차와 함께 세계사에 첫발을 디뎠다. 평지에 철근과 나무를 격자로 엮어 도로를 낸다는 생각은 어쩌면 비효율적인 발상이다. 궤도를 이탈해선 안 되는 좁고 빡빡한 길이었다. 그러나 아스팔트 포장능력을 깨우치지 못한 상태에서 그것은 최선의 인공(人工)이었다. 차량을 길게 이어붙이면서 가로가 지닌 공간적 약점을 극복했다. 무엇보다 철도가 교통수단의 일대 혁신으로 부상한 계기는 속도 때문이다.

1825년 9월 스티븐슨이 제작한 증기기관차 '로커모션

(Locomotion)'의 속도는 시속 16킬로미터에 불과했다. 하지만 당시 사람들에게 그것은 쾌속으로 읽혔다. 더욱이 90톤에 달하는 객화차를 끌고 달릴 수 있는 '개가(凱歌)'였다. 자본과 기술은 인력과 물자를 보다 많이 보다 멀리 보다 빠르게 운반할 수 있는 신문물의 가능성을 직감했다. 로커모션이 시험 운행된 바로 다음 달에 철도영업이 개시됐다. 산업혁명과 제국주의가 동승하면서 철도는 무적이 됐다. 미국은 1828년 첫 철도에 이어 1869년 대륙횡단 철도를 완성했다. 철도의 총 길이는 3만5000킬로미터이며 철도회사의 숫자는 700개가 넘는다. 그들은 철도를 지배하면서 세계를 지배했다. 그러나 요즘은 철도의 위신이 말이 아니다. 느리고 자주 늦는다. 비행기와 자동차가 교통의 주류로 부상한 탓이다.

우리나라 철도의 시작은 경인선이 개통된 1899년이다. 서양의 철도가 그들의 앞선 근대를 선두에서 이끈 이기(利器)였다면, 우리의 철도는 뒤늦은 혹은 때늦은 근대에 딸려 들어온 이기(異器)였다. '화륜거(火輪車)의 소리는 우뢰와 같아 천지가 진동하고 기관차의 굴뚝연기는 하늘 높이 솟아오르더라. 차창에 앉아서 밖을 내다보니 산천초목이 모두 움직이는 것 같고 나는 새도 미처 따르지 못하더라〈독립신문〉 1899년 9월 19일자).' 주미대리공사였던 이하영은 1889년 철도 모형을 가지고 귀국했다. 그가 철도부설의 필요성을 역설한 이후 민족자본에 의한 자발적인 철도건설이 시도됐다. 아쉽게도 자금난에 부딪혔고 부설권을 미국인 모스에게 매도했다. 모스 역시 돈을 대는데 실패했고 그는 일본 정부에 부설권을 팔아넘겼다. 일본은 기어이 철도 건설에 성공했다. 경인선은 그들에게 정한(征韓)의 시작이었다.

나라의 명운엔 아랑곳없이 철도는 나날이 발전했다. 그것은 귀향과 여행의 길이 되기도 했고 수탈과 징용의 길이 되기도 했다. 도

시의 입구에선 직선으로 뻗었고 시골을 만나면 곡선으로 굽으며 목숨을 이었다. 100년간 이런저런 사연과 의미를 태워 산하 곳곳에 내려다주었다. 돈만 주면 어디든 데려다주었다. 손님의 선악을 묻지 않았고 미래를 걱정하지 않았다.

문명이 철수한 자리를 절이 지키고 있었다. 역에서 동북쪽으로 난 비탈길을 4킬로미터 정도 오르면 희방사를 만난다. 소백산 기슭 해발 850미터다. 신라 선덕여왕 12년(643)에 두운 대사가 창건했다. 창건설화는 다음과 같다. 어느 날 두운 스님이 산길을 가는데 신음하고 있는 호랑이를 발견했다. 호랑이는 마을의 아낙을 잡아먹었다가 목에 비녀가 걸려 괴로워하고 있었다. 스님이 비녀를 빼주고 살려

역에서 동북쪽으로 난 비탈길을 4킬로미터 정도 오르면 희방사를 만난다.

녹음이 불붙은 소백산은
희방사를 잡아먹을 듯한
기세였다. 철길과 절길 사이엔
물길이 쏟아져 내린다.

줬다. 호랑이는 사례하겠다는 생각에 양가집 규수 하나를 물어다 바쳤다. 그녀는 경주 호장(戶長, 지방 향리의 우두머리)의 외동딸이었다. 스님은 호랑이를 타박하며 그녀를 온전히 귀가시켰다. 호장은 딸을 살려준 스님을 위해 절을 지어주었다. 절의 이름은 은혜를 갚게 되어 기쁘다는 뜻의 희(喜)자와 스님의 선방임을 의미하는 방(方)자를 썼다.

절은 장중한 시간에 비해 협소한 공간을 가졌다. 희방사는 본래 『월인석보(月印釋譜)』 1, 2권의 판목을 소장한 절로 유명했다. 『월인석보』는 「월인천강지곡(月印千江之曲)」과 「석보상절(釋譜詳節)」을 합해 세조 5년(1459)에 편찬한 한글대장경이다. 판목은 한국전쟁으로 대웅전과 함께 소실되고 말았다. 법당은 다시 세웠지만 판목은 되찾지 못했다. 녹음이 불붙은 소백산은 희방사를 잡아먹을 듯한 기세였다. 철길과 절길 사이엔 물길이 쏟아져 내린다. 높이 28미터로 내륙 폭포 가운데 최고(最高)인 희방폭포다. 자연은 문명으로부터의 해방감을 마음껏 발산했다.

희방사역은 1942년 4월 1일 간이역으로 개통됐다. 1946년 무장공비의 내습으로 사라졌다. 신축된 역은 1951년 4월 11일 보통역으로 승격됐다. 나이로 따지면 백양사역이 가장 고참이다. 1919년에 섰다. 성주사역과 흥국사역은 1960년대 창원과 여수에 공단이 개발되면서 등장했다. 막내는 망월사역(1986년)이다. 맨 나중에 출발했지만 위력은 그나마 제일 센 편이다. 수도권에 자리한 장점 때문이다. 주말이면 전철을 타고 도봉산으로 향하는 등산객들 덕분에 겨우 밥값을 하고 산다.

30년 전만 해도 대부분의 기차역 사찰들은 초파일만 되면 사찰에 참배하러 가는 불자들로 넘쳐났다. 이들은 일제강점기에 태어나 각자 살림을 꾸리다 1970년을 기점으로 기세가 꺾였다는 공통점을 지닌다. 1970년이면 경부고속도로가 개통된 시기다. 육상교통의 주역이 철도에서 고속도로로 교체되면서 변방의 철길들은 할 일을 잃었다. 도로의 확충은 자가용의 증가로 연결됐다. 철길은 아스팔트길의 넉넉한 공간성과 승차감을 당해내기 버거웠다.

철도는 산업화의 첨병이었다. 전화가 무형적 문명을 개척할 때 철도는 유형적 문명의 서막을 열었다. 자본과 기술은 철길을 타고 전국 각지에 흩어진 빈곤과 미개를 치유했다. 그러나 소유와 분배의 문제에 대해선 괘념치 않았다. 그냥 냅다 달릴 뿐이었고 초연한 저돌성으로 근대를 완성했다. 그리고 근대의 종결과 함께 보기 좋게 팽을 당했다.

근대가 자본의 축적에 열을 올렸다면 현대는 자본의 소비에 눈이 뒤집어졌다. 현대인들은 낯선 사람들과 부대끼며 정해진 장소에 내려야 하는 이동의 형식에 싫증을 냈다. 철도가 벌어다 준 돈으로 차를 사고 길을 닦았다. 철도의 흥행이 공동체의 균열을 촉발했다면 철도의 쇠락은 공동체의 상실과 맞물린다. 물론 자업자득이요 인과응보다.

울산
동축사의
간월대

신라인들이 품었던
꿈의 무게

●

울산은 신라의 대표적인 외항이었다. 객지에서의 죽음으로 아내를 망부석으로 만들어버린 충신 박제상이 일본으로 떠나던 율포가 있고, 아내와 간통하던 역신을 춤으로 쫓아낸 처용설화의 무대가 된 개운포가 있다. 까무잡잡한 피부에 코쟁이였던 외모로 보아 처용이 서역 출신이었으리란 건 이미 오래된 짐작이다. 신라인들은 울산을 통해 태평양과 만났다. 동해의 일출을 맨 먼저 발견하는 포구에서 시작하는 바닷길은 인도까지 촉수를 대고 있었다.

동축사는 울산에서 가장 나이가 많은 사찰이다. 동축이란 동쪽의 천축(天竺), 곧 동인도를 뜻한다. 동축사는 인도 아육왕(阿育王, 아쇼카왕)의 꿈을 신라 진흥왕이 대신 실현해준 절이다. 절은 마골산(麻骨山)에 안겼다. 삼베와 색깔이 비슷한 허연 바위들이 군데군데 맨몸을 드러냈다. 산의 고도는 297미터에 불과하지만 시야가 트여 일출을 감상하기 좋다.

동축사 위쪽 관일대(觀日臺)에 서면 마골산 전체가 눈에 들어온다. 먼 시선으로는 현대중공업의 일터까지 잡힌다. 관일대는 바위가 무더기를 이뤘다. 오른쪽 가장 큰 바위에 '扶桑曉彩(부상효채)'라는 글귀가 새겨졌다. 울산 남목(南牧)을 다스렸던 관리 원유영(元有永)의 작품이다. 정자체로 글씨의 힘이 좋고 뚜렷하다. '해뜨는 동쪽바다에서 아름다운 빛을 내는 신성한 나무'라는 의미다. 동축사 주변엔 소나무가 많다. 진흥왕 시대 동축사에서 발한 빛이, 서축에서 오는 아육왕의 불상을 인도한다는 상징으로도 읽힌다.

마우리아 왕조의 아육왕은 인도대륙을 최초로 통일한 임금이다. 불교의 세계화는 아육왕에게서 비롯됐다. 그는 불교를 국교로 채택하고 교단을 전폭적으로 배려한 전륜성왕(轉輪聖王)이었다. 불살생을

관일대는 바위가 무더기를 이뤘다. 오른쪽 가장 큰 바위에 '扶桑曉采(부상효채)'라는 글귀가 새겨졌다.

통치이념으로 삼았다. 불법(佛法)이 가르치는 화합은 복잡다단한 민족들이 부대끼는 국토를 다스리는 데 매우 적절한 이데올로기였다. 부처님의 육성을 경전으로 결집한 것도 아육왕의 지원 덕분이다. 불교를 공인한 법흥왕의 왕위를 이은 진흥왕은 한강유역을 점령하면서 삼국통일의 물꼬를 텄다. 그는 군왕이었고 당연히 국력의 극대화를 꿈꿨다. 동축사에는 절 안에 인도 전체를 옮겨다 놓고 싶었던 진흥왕의 야망이 젖어 있다.

『삼국유사』 권3「황룡사장육조(黃龍寺丈六條)」편에 동축사의 탄생에 관한 이야기가 전한다. 괄목할 만한 제왕들을 주인공으로 삼은 만큼 절의 유래에 관한 신화는 거대하다. 절이 받은 몸도, 몸을 받기 위해 기다린 시간도 비할 바 없이 육중했다.

"신라 진흥왕이 즉위한 지 14년 그러니까 계유년(553) 2월의 일이다. 용궁의 남쪽에 자궁(紫宮)을 신축하려는데 황룡(黃龍)이 나타났다.

조정은 궁궐을 지으려던 계획을 접고 불사에 돌입했다. 절의 이름은 황룡사라 했다. 기축년(569)에 이르러 주위에 담을 쌓고 17년 만에 마쳤다. 얼마 후 바다 남쪽에 커다란 배 한 척이 하곡현의 사포에 정박했다(사포는 지금의 울주군 곡포를 말한다). 선박 내부의 쪽지에 적혀 있기를 '서천축국의 아육왕이 황철 5만7000근과 황금 3만 분(分)을 모아 석가삼존상을 만들려 했지만, 이루지 못하고 배에 실어 바다로 띄워 보낸다. 인연 있는 나라에서 장육존상(丈六尊像)으로 태어나기를 축원한다.' 현의 관리가 왕에게 샅샅이 보고했다. 왕은 사람을 시켜 현의 동쪽 부근 명당을 잡아 동축사를 창건하고 삼존불을 안치했다. 금과 철을 서울로 수송해 갑오년(574) 3월 장육존상을 만들어냈다. 무게가 3만7000근이었고, 들어간 황금이 1만190분이었으며, 두 보살상에 들어간 철이 1만2000근, 황금이 1만136분이었다. 그리고 황룡사에 잘 모셨다." 동축사가 황룡사에 봉안된 본존불 1기와 협시보살 2기를 조성한 사찰이었음을 알 수 있는 기록이다. 장육은 16자의 높이를 가리킨다. 5미터로 환산되며 이 높이부터 대불(大佛)로 대접한다. 3만7000근이면 2.2톤이다. 신라인들이 품었던 꿈의 무게다.

  황룡사는 잊혀진 극락이다. 장육존상은 9층 목탑과 함께 황룡사를 대표하는 양대 성보였다. 643년 9층 목탑을 조성하면서 황룡사 불사는 90년 만에 완료됐다. 황룡사는 불국토(佛國土)라는 사상적 이상과 삼국통일이라는 정치적 이상을, 극강의 규모와 미학으로 형상화한 공간이었다. 13세기 몽골군의 방화로 불타 없어졌지만 흔적만으로도 압도적이다. 38만 제곱미터, 곧 11만5000평의 늪지에 중문, 목탑, 금당, 강당을 남북으로 길게 배치했다. 9층 목탑의 높이는 82미터였다. 자본과 기술이 차고 넘치는 오늘날에도 쉽사리 엄두를 내지 못하는 대작불사였다. 물론 불교가 국교였고 부처님 외에 다른 신성을 불허

대웅보전 앞에 놓인 삼층석탑은 신라가 아닌 고려 중기의 작품이다. 기법이 투박하고 옹색하다.

하는 체제였음을 고려하면 충분히 이해되는 불사다. 진흥왕은 부처님의 자비보다 신력에 관심을 뒀다.

  황룡사 불사가 착수된 553년은 신라가 백제로부터 한강 유역을 빼앗아 온 해와 일치한다. 진흥왕은 백제의 성왕과 함께 551년 고구려를 공격해 한강유역을 빼앗았다. 나제동맹은 본래 고구려 장수왕의 남진정책이 시작된 433년에 성립됐다. 만주와 한반도를 호령했던 동북아의 패자에게서 살아남기 위한 결합이었다. 그러나 신라가 백제와 공동으로 탈환한 한강 유역을 제 땅으로 삼으면서 나제동맹은 120년 만에 깨졌다. 분노한 성왕은 친히 군사를 이끌고 신라와 결전을 벌였지만 외려 전사하고 말았다. 한강이 지닌 물과 농토는 한반도의 패권을 좌지우지할 정도로 중요한 길지였다. 553년의 배신은 이후 신라의 승승장구와 백제의 끝 모를 추락을 갈라놓는 이정표였다.

  신라는 삼국 가운데 가장 나중에 불교를 받아들였다. 이차돈이라는 최초의 순교자를 배출한 나라였다. 늦고 어렵게 얻은 신앙이었던 만큼 믿음은 강력했고 기대는 절실했다. 『삼국유사』의 기록은 계속된다. 신라인들의 선민의식을 엿볼 수 있는 서술이다.

  "아육왕은 서천축국 대향화국(大香華國)에 사시던 분이다. 부처님이 나신 지 100년이 지난 시기이므로, 진신(眞身)에게 공양을 바치지 못함을 안타깝게 여겼다. 그래서 금과 철 약간 근을 모아 불상을 만들려 했으나 세 번이나 실패했다. 그때 태자가 불사에 그다지 적극적으로 참여하지 않자 왕이 나무랐다. 그러나 태자는 '힘만으로는 공덕을 이룰 수 없다'며 '일찌감치 잘 안될 줄 알았다'고 말했다. 아들에게 설득당한 왕은 금과 철을 배에 실어 바다에 띄워 보냈다. 남염부제의 16곳, 큰 나라 500곳, 중간 크기의 나라 1만 곳, 작은 나라 8만 곳을 돌았음에도 불사를 이뤄줄 귀인을 만나지 못했다. 마침내 신라에 이르러 진흥왕이 문잉림(文仍林)에서 만들어냈다. 불상이 완성됐고 부처님의 얼굴 윤곽이 빠짐없이 갖춰졌다. 아육은 번역하면 '근심이 없다(無憂)'는 뜻이다."

　　장육존상이 만국 가운데 오로지 신라에서만 성취될 수 있는 쾌거임을 시사한다. 아무데서도 이뤄지지 않은 일이 신라에서 이뤄졌고 아무도 해내지 못한 일을 진흥왕이 해냈다. 비할 바 없이 귀하고 중한 인연이었지만 천명은 특혜를 부여하지 않았다. 황룡사는 사라졌고 동축사는 예전만 못하다. 대웅보전 앞에 높인 삼층석탑은 신라가 아닌 고려 중기의 작품이다. 기법이 투박하고 옹색하다. 그나마 오랜 옛날 기단을 도둑맞았다. 시멘트로 새로 만든 기단 위에 얹힌 석탑은 이물스럽다. '근본'을 상실한 석탑에는 형상에 집착하는 자들의 쓸쓸한 말로가 겹친다.

양산
용화사의
낙동강

사통팔달이 이뤄져도
곡소리는
끊이지 않았다

영남대로란 게 있었다. 부산 동래에서 출발해 밀양, 청도, 대구, 문경, 이천, 용인 등을 거쳐 한양에 이르던 옛길이다. 조선시대에는 각 지역에서 서울로 가는 9개의 주요 도로가 정비돼 있었다. 그 가운데 가장 대표적인 것이 960리에 달하는 영남대로였다. 걸어가면 열나흘이 걸렸다. 경상도 지역 선비들이 과거를 치르기 위해 오르던 길이었고 왜군이 조선을 도륙하기 위해 오르던 길이었다. 물론 길은 대부분의 시간을 양반이나 군인이 아닌 장사치들을 위해 살았다. 전국의 물자가 뭉쳤다 갈라지는 길이었고 영남대로가 발 디딘 고장은 번성했다. 영천과 안동을 지나 죽령을 넘어 서울로 가는 좌로와 김천을 지나 추풍령을 넘어서 가는 우로라는 지선(支線)도 있었다.

20세기 한반도에 들어선 철도와 도로는 영남대로를 인정하지 않았다. 그들은 자기만의 길을 갔다. 간혹 겹쳤으나 일부였다. 신문명으로부터 재신임을 받지 못한 도시들은 돈줄이 막혔고 몰락했다. 상주가 경상도 관찰사가 집무를 보던 감영(監營) 소재지였다는 걸 기억하는 사람은 드물다. 지금의 대구에 필적하던 위세다. 교류와 소통을 위해 만들어진 길이었지만 길에는 착취와 갈등이 더 많이 쌓였다. 길은 누군가에겐 복이었고 누군가에겐 벽이었다.

영남은 조령(鳥嶺)의 남쪽이란 뜻이다. 날아가는 새도 넘기가 벅차다는 문경새재의 아래쪽. 영남대로의 하단은 소백산맥과 낙동강을 중추로 한 산길과 물길이었다. 이긍익(李肯翊, 1736~1806)은 『연려실기술』에서 "낙동(洛東)은 상주의 동쪽을 말함이다"라고 적었다. 상주는 가야의 속지였다. 낙동강(洛東江)은 '가락국의 동쪽을 흐르는 강'이라는 의미다. 영남을 동북과 서남으로 가르는 낙동강은 압록강보다는 짧지만 남한에선 가장 길다. 총 길이는 521.5킬로미터, 유역면적은 2

용화사 앞마당에 더 이상 낙동강은 없다. 그래도 산길을 오르면 숨겨졌던 강의 몸이 서서히 드러난다.

만3817제곱킬로미터다. 강원도 태백 함백산(咸白山)에서 발원한다.

상류부에서는 안동을 중심으로 반변천(半邊川)을 비롯한 여러 지류를 합치면서 서쪽으로 곡류한다. 함창 근처에서 다시 내성천(乃城川), 영강(嶺江) 등 여러 줄기를 구심상(求心狀)으로 받아들인 뒤, 유로를 남쪽으로 돌린다. 구심상이란 주변 산지에서 흐르기 시작한 강물이 분지의 중심부에서 합류해 큰 강을 이룬 형상을 일컫는다. 상주 남쪽에서 위천(渭川)을, 선산 부근에서 감천(甘川)을, 대구 부근에서 금호강(琴湖江)을, 남지 부근에서 남강(南江)을 끌어와 동쪽으로 몸을 튼다. 삼랑진 부근에서 밀양강을 끌어안고 남진을 계속해 마침내 남해와 만난다.

선사시대 사람들은 낙동강의 듬직한 수량에 의지해 척박한 원시를 견뎠다. 강줄기에 맞닿은 칠곡과 울산, 부산의 영도와 다대포 등지에서 다량의 토기와 패총이 발굴됐다. 강은 가야를 만들었고 가야를 죽인 뒤엔 신라를 완성했다. 일본과의 무역을 담당했고 일본의 침략을 본의 아니게 도왔다. 강은 인간의 분란에 가담하지 않았지만 그렇다고 독립될 수도 없었다. 길은 경계를 만들었고 강 역시 사람이 갈라놓은 이편과 저편에서 멱살을 잡힌 채 휘둘렸다.

양산 용화사에 가면 길이 역사를 만든다는 말을 실감하게 된다. 그 느낌은 아름답지 않고 씁쓸하다. 새로 난 길 때문에 신세가 난처해진 절이다. 경부선의 '만행'으로 쪼그라들었다. 오봉산에 위치한 용화사는 원래 낙동강을 발밑에 두고 감상할 수 있는 곳이었다. 낙동강과 인접한 강변 사찰로 쉬 잊혀지지 않는 풍광을 자랑했다. 그러나 절과 물 사이로 기찻길이 들어서면서 사세가 급격하게 쇠락했다. 대웅전과 요사 두 채가 절이 가진 건물의 전부다. 거의 10분마다 한 대씩 지나는 열차의 굉음이 따귀가 되어 날아왔다.

철로만 놓였어도 풍경이 그다지 상하진 않았을 것이다. 철길과 같은 길이를 가진 철제 펜스가 용화사의 눈을 싸매버렸다. 용화사 앞마당에 더 이상 낙동강은 없다. 그래도 산길을 오르면 숨겨졌던 강의 몸이 서서히 드러난다. 처음엔 오봉산 중턱에 있는 가람사가 용화사인 줄 알았다. 규모가 크고 고풍스러운 자태를 뽐내지만 2007년 신축된 절이다. 남루한 풍경에 용화라는 이름이 겹치면 더 얄궂다. 용화(龍華)는 미륵부처님이 주재하는 세계를 말한다. 보물 제491호 용화사 석조여래좌상을 두고 마을 사람들은 미륵님이라고 부른다. 생각하는 대로 이뤄지는 곳, 욕망이 슬프지 않고 희망이 우습지 않은 곳이다. 불법(佛法)이 단순히 마음속이 아니라 현실에서 펄펄 살아 숨쉬는 나라다.

유명론(唯名論)은 보편적 관념을 인정하지 않는 유럽 중세의 이단적 사조였다. 신권(神權)이 지배했던 당시는 실재론이 대세였다. 실재론자들은 모든 사물은 신의 정신 속에 존재한다며 모든 사물을 포섭하는 존재론적, 윤리적 이상(이데아, Idea)이 있다고 믿었다. 반면 유명론자들은 보편적 관념이란 사람들이 가져다 붙인 한낱 '이름'에 불과하다고 반박했다. 오직 개체만 있을 뿐 보편은 없다는 것이었다. 그들은 이데아를 부정했다.

윌리엄 오컴(1285~1349)은 대표적인 유명론자였다. 움베르토 에코의 베스트셀러 소설 『장미의 이름』에서 연쇄살인사건을 해결하는 주인공 윌리엄 수도사의 모델이 된 인물이다. 경제성의 원리를 가리키는 '오컴의 면도날(Ockham's Razor)'이란 개념 역시 그에게서 따왔다. 요지는 '보다 적은 수의 논리로 설명이 가능한 경우 쓸데없이 논리를 추가하지 말라'는 것이다. 사유를 복잡하게 해 오판의 가능성을 높이는 불필요한 가정은 면도날로 잘라내 버리라는 취지. '사고 절약의 원리(Principle of Parsimony)'라고도 불리는 그의 명제는 현대에도 과학 이론을 구성하는 기본적 지침으로 존중받고 있다.

길은 사람과 사람, 돈과 돈을 이어주는 역할을 한다. 길 위를 걷는 수레엔 금붙이와 함께 책도 실렸다. 길이 많아질수록 물자와 사상의 유통은 활발했고 길을 많이 가진 나라일수록 크게 자랐다. 사람

용화사는 절과 물 사이로 기찻길이 들어서면서 사세가 급격히 쇠락했다.

들은 길이 많아지면 행복해질 줄 알았다. 그러나 길이 넘쳐나는 세상은 그저 복잡해질 뿐이었다. 사통팔달이 이뤄져도 곡소리는 끊이지 않았다. 이쪽에 길을 내면 저쪽이 울었고 저쪽에도 길을 내주면 이쪽이 갑자기 울었다.

  길이 많아지자 답도 많아졌다. 길들은 자기의 길이 정도(正道)라며 서로 충돌했다. '차라리 내 몸이나 훑고 지나가던 시절이 낫지 않았을까.' 잔뜩 찌푸린 하늘 아래서 낙동강의 외줄기가 심각하게 묻고 있었다. 오봉산에도 구렁이 같은 길들이 있었다. 어디로 가든 몸을 누일 곳은 있을 것이다. 눈치 보지 않고 서두르지 않고 한 길만 가면 된다. 고독하되 실수하지 않을 것이다.

남원
선국사의
교룡산성

성벽의 거칠고 단단한
돌들은
자비와 무관해 보인다

선국사(善國寺)는 성(城) 안에 있는 절이다. 그러나 성벽은 부처님을 지키기 위한 것이 아니었다. 불교를 무너뜨린 자들의 소유였다. 성은 절보다 늦게 섰지만 체제에 기대어 절을 부렸다. 누각은 적의 동태를 살피기 위한 망루로 사용됐다. 조선이 망하고 난 뒤 성은 쓸모가 없어졌다. 절은 성의 규모와 질감에 힘입어 풍광이 남다르다. 이제는 절이 성을 부린다.

남원 교룡산성은 전라북도기념물 제9호다. 해발 518미터 교룡산(蛟龍山)의 험준한 기세를 3120미터의 둘레로 끌어안았다. 축성의 내력은 분명치 않다. 남원시는 백제 때 고룡군(古龍郡)으로 불렸다.『삼국사기』등 사서에 보이는 교룡(蛟龍), 거물(居勿), 기문(基汶)과 같은 명칭은 고룡의 전사(轉寫)로 보인다. 그러나 성을 이 시절에 쌓았다는 기록은 없다. 교룡산성은 조선왕조부터 정사(正史)에 등장했다. 1454년에 편찬된『세종실록지리지』에는 군창(軍倉)이 있다고 적혔고『동국여지승람(東國與地勝覽)』남원부(南原府) 산천조(山川條)에는 교룡산성이 남원부 서쪽 7리에 있다고 적혔다.

반면 선국사의 나이는 1400년에 이른다. 신라 신문왕 5년(685)을 창건 시기로 본다. 직할시와 비슷했던 남원소경(南原小京)을 설치하던 해와 같다. 절을 지을 당시 근처에 용천(龍泉)이라는 샘이 있어 이름을 용천사(龍泉寺)라 했다. 훗날 절을 빙 둘러 산성이 쳐진 뒤엔 선국사로 바뀌었다. 선국사란 이름엔 국태민안을 바라는 왕권의 소원이 반영됐다. 사찰은 실제로 성을 지키는 본부로 쓰였다고 전한다. 산성 안에 있는 절이라고 해서 '산성절'이라고도 했다. 순조 3년(1803) 대웅전을 중건했고 고종 28년(1891)에는 칠성각을 세웠다. 1894년 동학농민운동 당시에는 무장한 혁명군의 은신처였다.

교룡산성은 현재 남원지역에 남아있는 20여 개의 산성 가운데 그 형태를 가장 잘 보존하고 있다. 성은 능선의 굴곡에 따라 성벽이 물결치듯 흐르는 형세다. 교룡산의 동쪽 수구(水口)에 동문을 설치했다. 동문엔 옹성(甕城)을 쌓았다. 옹성이란 성의 방어력을 높이기 위해 성문 밖에 따로 원형이나 방형(方形)으로 쌓은 성을 뜻한다. 남쪽에서 성벽을 따라 들어가다가 다시 서쪽으로 ㄱ자형으로 꺾인 곳에 홍예문이 있다. 홍예문의 측면은 장대석을 3단으로 쌓았고, 위쪽은 아홉 개의 돌을 아치형으로 꿰맞췄다. 성 안에는 무려 아흔아홉 개의 우물이 있었다. 유사시 국가는 지역 주민들을 징발해 성을 수호하면서 충청도로 넘어가는 적을 저지했다.

판소리의 고향인 남원은 교통의 요충지였다. 지금은 운암댐으로 수몰된 운암평야가 있어 남북의 왕래를 도왔다. 여기서 해발 200미터짜리 고개 하나만 넘으면 동진강 상류인 칠보에 닿았고, 좀 더 북상하면 정읍 부안 김제로 통하게 돼 있었다. 노령산맥과 소백산맥의 사이에 자리해 섬진강 주변의 높고 낮은 고개를 매개로 전라도와 경상도를 연결했다. 섬진강 유역의 남원분지는 예로부터 천부지지(天府之地) 옥야백리(玉野百里)라 불렸다. 하늘이 정해준 땅이었고 비옥한 들판이 100리에 걸쳐 펼쳐져 있었다. 물자는 풍부했고 사람이 모여들 길도 많았다. 남원은 전라도에서 가장 많은 문과 급제자를 배출한 고장이다. 그러나 전쟁이 터지면 길들은 자의와는 상관없이 이적(利敵)에 종사해야 했다. 과거의 길들은 성이 관리했다. 길을 지나는 것들의 신분과 자격에 따라 성문을 열거나 닫았다.

국토의 3분의 2를 뒤덮은 고봉준령을 이용해 적들의 공격을 막는 것이 한국형 전투의 특징이다. 밀덕봉(密德峰), 복덕봉(福德峰) 등이 포진한 교룡산성의 산세는 특히나 삐쭉빼쭉했고 어디서든 엄폐가 가능했다. 천혜의 요새였다. 임진왜란 이후 짤막한 휴전이 끝나고 정유재란이 일어났을 때 남원성의 관군과 백성은 모두 교룡산성으로 옮겨 일전을 준비했다. 그러나 명나라 원군의 지휘관 양원은 자신에게 익숙한 평지에서 싸우기를 고집했다. 결국 남원성을 전장으로 택했고 양원은 교룡산성을 버리고 나온 대가를 톡톡히 치렀다. 대국 장수의 오판 탓에 무수한 사람이 죽었고 삼남 전체가 유린됐다. '만인의총(萬人義塚)'이 이날의 참패를 추모한다.

교룡산성은 임진왜란 시절 김제 금산사를 거점으로 승병을 일으킨 뇌묵처영(雷默處英, ?~?)이 중수했다. 선국사도 산성과 함께 손을 봤다. 스님은 서산 대사로 잘 알려진 청허휴정(淸虛休淨, 1520~1604)의 제자

교룡산성은 현재 남원지역에 남아있는 20여 개의 산성 가운데 그 형태를 가장 잘 보존하고 있다.

였다. 임금인 선조가 의주까지 쫓겨가자 휴정은 전국의 스님들에게 격문을 띄워 궐기할 것을 호소했고, 처영은 1000명의 승병을 모집해 화답했다. 권율과 함께 금산 배고개전투에 참여해 큰 전공을 세웠다. 1593년 2월 권율의 군대와 수원으로 올라가 독왕산성에서 왜장 우키타의 군대를 패퇴시켰다. 스님의 전적은 그 유명한 행주대첩에서 절정을 이뤘다. 700명의 승병을 이끌고 행주산성의 한 섹터를 담당해 2만4000명의 적병을 죽이거나 해했다. 종전 뒤에 절충장군(折衝將軍)이란 시호를 받았다. 전라북도 민속자료 제27호인 교룡산성 승장동인(蛟龍山城 僧將銅印)은 선국사 안에 보관돼 있다. 조정에서 처영 스님에게 내려준 도장이다. 동학군과 정부군 사이의 전투로 유실됐다가 1960년 보제루의 마루 밑에서 발견됐다.

　　홍예문에 들어서면 좁은 비탈길이 나오는데, 길 오른쪽에 비석군이 있다. 교룡산성을 지켰던 역대 무관 별장(別將)들의 기적비(紀績碑)들이다. 사진이 없던, 시대 사령관에게 잘 보이기 위한 방법이었을 것이다. 비석군에 맞서 '김개남 동학농민군 주둔지'라는 작은 푯말이 섰다. 갑오년 농민들이 봉기했을 때 지도자였던 김개남(金開南, 1853~1895)은 남원성을 점령하고 교룡산성을 중심으로 활약했다. 그는 전봉준 다음 가는 2인자였다. 끝내 여원치에서 관군에게 패했고 붙잡혀 처형됐다.

선국사 주변은 죽고 죽이는 역사로 물들었다. 성벽의 거칠고 단단한 돌들은 불교의 자비와 무관해 보인다.

선국사란 이름엔 국태민안을 바라는 왕권의 소원이 반영됐다. 사찰은 실제로 성을 지키는 본부로 쓰였다.

　　선국사 대웅전 안에는 커다란 쇠북이 있다. 특이하게도 하늘색이다. 둘레는 260센티미터, 길이 102센티미터 정도다. 몸통은 소나무로 만들었고 양면에 소가죽을 둘러 소리를 냈다. 만든 사람과 만든 시기는 묘연하지만 조선시대의 유물로 추정된다. 선국사가 큰 절이었음을 입증하는 중요한 자료다. 평시엔 땅 위에 사는 것들의 행복을 비는 법고(法鼓)였겠지만, 전시엔 땅 위에 사는 것들을 전부 성 안으로 쓸어 담아 희생을 독촉하는 전고(戰鼓)로 쓰였을 것이다.

　　선국사 주변은 죽고 죽이는 역사로 물들었다. 성벽의 거칠고 단단한 돌들은 불교의 자비와 무관해 보인다. 대웅전 왼쪽에 배롱나무 한 그루가 있다. 수령은 어림잡아 500년으로 본다. 배롱나무는 꽃이 오래 피어 있어서 백일홍나무라고도 한다. 나무껍질을 손으로 긁으면 잎이 움직인다고 해서 간지럼나무라는 별명이 붙었다. 조그만 자극에도 민감하게 반응한다는 것이다. 피와 비명의 기억이 여전히 선명한 모양이다.

광주
무각사의
극락강

문명의 빛 흐르는
껍질뿐인 '극락'

극락강은 광주의 서녘을 흐르며 광주의 안팎을 가르는 물줄기다. 영산강과 황룡강의 분기점에서 광주천이 나누어지는 지점까지 총 7킬로미터에 이르는 구간이다. 호남의 젖줄인 영산강의 지류로 광주 안의 영산강이라고 보면 된다. 사찰을 기준으로 하면 광주 동구 운림동 증심사에서 서구 쌍촌동 운천사까지. 동북에서 서남을 향해 시계 반대 방향으로 달리는 강이다.

일제강점기에 관(官)에서 붙인 이름이란다. 위정자 가운데 풍류가 유난했던 사람이 있었던 모양이다. 임지(任地)에 대한 애정이 대단했거나. 이 강만 건너면 극락에 다다른다는 뜻을 내포했다. 곧 광주가 서방정토라는 전제 하에서다. 하지만 막상 가보면 실망이다. 강변의 정취는 이름의 카리스마에 비하면 턱없이 처진다. 강(江)보다는 천(川)에 가까운 수량과 표면적이다. 가장 못난 지점을 고른 건지도 모르지만, 여하튼 물의 빛깔은 탁했고 숨결은 비렸다. 마른 풀들이 썩은 물에 엉겨 붙어 힘겹게 목숨을 지탱했다. 한동안 넋 놓고 서 있어야 했다. 극락이란 상(相)에 속은 죄로.

광주는 1990년대에 '엑소더스'를 치렀다. 하늘에서 갑자기 대지가 떨어졌고 돈과 사람이 몰렸다. 군부대였던 상무대 자리에 신시가지가 개발되면서 도시의 서쪽으로 문명의 대이동이 이뤄졌다. 상무대(尙武臺)는 광주에 있던 대규모 군사교육기관이다. 한국전쟁 중이던 1952년 1월에 지어졌다. 육군 초급 간부 양성과 기성 간부의 전투기술 연마가 설립 목적이었다. 총 4129만 제곱미터(1249만 평)의 부지에 육군보병학교를 비롯해 포병학교, 기계화학교, 공병학교, 화학학교가 들어섰다. 여의도 면적의 열네 배에 달한다. '무용(武勇)을 숭상하는 배움의 터전'이라는 뜻으로 이승만 대통령이 직접 작명했다. 입이 벌어

무각사가 선 땅은
예전 상무대의 연병장이었다.

질 만한 넓이와 시설에서, 한낱 '빨갱이'에 쫓겨 부산까지 몽진해야 했던 그의 섬뜩한 적개심을 엿볼 수 있다.

    1994년 상무대가 전남 장성으로 이전하면서 옛 군부대의 터는 새로운 전기를 맞았다. 손댈 수 없고 먹을 것 없는 개발제한구역은, '압구정동의 두 배쯤 되는 금싸라기 땅'으로 삽시간에 위상이 변모했다. 시청과 한국은행, KBS가 이사를 왔고 아파트와 상가, 모텔이 무더기로 들어섰다. 문명의 이기들이 제각기 한몫씩 차지한 도시는 서울의 강남 버금가게 반듯하고 화려하다. 자본이 이룩한 서방정토라 할 만하다. 이 안에서 사람들이 무슨 일을 꾸미고 벌이는지는 종잡을 수 없다. 적어도 껍데기만으로는 눈부시다.

    무각사가 선 땅은 예전 상무대의 연병장이었다. 현 정부의 종교편향에 반대하는 정법수호 광주전남불교도대회가 열린 장소이기도 하다. 상무대가 자리한 지 20년 후에 무각사가 탄생했다. 조계총림 송

광사 전 방장 구산 스님이 지역 불자들과 함께 장병들의 신행을 위한 사찰 건립을 발원했다. 구산 스님을 비롯해 조계종 총무원장이었던 석주 스님, 영·호남의 교구본사 주지 스님들이 희사에 동참했다. 시주자 명단엔 당시 국방부장관과 전남지사, 광주시장의 이름도 보인다. 전국불교신도회장이었던 이후락 중앙정보부장도 도왔다. 1971년 완공됐을 때 무각사는 1만6500제곱미터(5000평)의 대지에 전각 10여 동, 종각과 10층 석탑을 갖췄다. 300명이 법회를 볼 수 있는 대웅전은 지금도 광주 최대의 법당이다. 무각(無覺)에는 조사선의 정신이 깃들었다. 깨달음을 볼 수 있고 생각할 수 있다고 한다면 오산이다. 부처는 이름이나 모양이 아닌 작용에서 발견된다. 바람이 불고 물이 흐르고 밥을 먹고 이를 닦는, 모든 일상을 경배할 것.

광주(光州). '빛고을'이 된 이유는 주산(主山)인 무등산의 어원에서 캐물을 수 있다. '무'라는 글자에 희미한 대로 어떤 비밀이 숨었다. 무등(無等)이란 발음은 '무돌'의 변이로 여겨진다. 광주는 삼국시대에 무진주(武珍州) 또는 무주(武州)라고 불렸다. 무등산은 무돌의 산, 광주(光州)는 무돌의 땅인 셈이다. 무진은 '미동부리(未冬夫里)'라는 옛 지명에서 비롯된 것인데, 미동(未冬)이란 물들, 물둑, 무들, 무돌의 이두(吏頭) 식 표기로 추정된다. 무돌은 '무지개를 뿜는 돌'을 가리킨다는데 사전에는 없는 말이다. 별도의 암석이 아니라 무등산의 특성을 표현한 낱말일 게다. 무등산은 정상 가까이 원기둥 모양의 절리(節理)가 발달해 기암괴석의 경치가 뛰어나다. 결국 '무지개처럼 아름다운 빛을 뿜어내는 돌산'으로 해석할 수 있다. 고려시대에 무등산의 별명이 서석산(瑞石山)이었던 것도 동일한 맥락으로 보인다. 물론 빛이 풍부한 동네라고 해서 대뜸 극락으로 쳐줄 순 없는 노릇이다. 사시사철 폭염에 휘감긴 적도의 제국들을 보고 살기 좋은 곳이라 말하는 사람은 없다. 외려 광주는 역사적으로 축복보다는 재앙에 익숙했다. 전라도의 맏형으로서 지역갈등의 최대 피해자였다. '호남은 반역의 땅'이라는 집단무의식은 '5.18'을 분수령으로 폭발했다.

태조 왕건의 '훈요십조'는 국가권력에 의한 지역차별의 효시로 여겨진다. 이러한 오명을 쓰게 된 까닭은 당사자인 왕건의 의지가 아니라 후대의 의도적인 오역이라는 설에 무게가 실리는 중이다. "8조, 차현 이남(車峴以南)과 공주강 외(公州江外)는 산형과 지세가 모두 배역(背逆)하였으니 인심도 역시 그러하다. … 비록 선량한 백성일지라도 마땅히 벼슬자리에 두어 권력의 길에 들지 말게 하라." 차령과 금강 아래 지역에 사는 사람들은 임금에게 도전하고 국정에 변란을 초래할 것이니 절대 등용하지 말라는 당부다. 통설에 따르면 금강 남쪽에 있는 충청 일부 지역과 전라남북도 전역을 포괄한다. 숙적이었던 후백제의 영역에 해당되는 땅이다. 설성경 연세대 국문과 교수는 1999년

공주강 외에서 외는 '밖'이 아닌 '위(上)'라는 뜻으로도 통용됐음을 주목했다. 이렇게 풀이하면 왕건이 경멸한 땅은 홍성, 보령, 부여, 공주, 연기, 청주 등 극히 일부 지역으로 좁혀진다. 궁예를 제거하고 왕위에 오르자마자 공주 출신 환선길과 이흔암이 쿠데타를 기도하고, 청주 호족들이 반란을 일으켰으니 앙심을 품을 만도 하다. 어쨌든 그는 호남을 미워할 이유가 없었다. 아내였던 장화왕후 오씨는 나주, 충신이자 명장이었던 신숭겸은 곡성, 평생토록 '멘토'로 받든 도선 국사는 영암이 고향이었다. '외'라는 한 글자를 어떻게 읽느냐에 따라 죄를 물어야 할 사람이 뒤바뀐다. 이후의 역사도 다른 방향과 질감으로 엉켰을지 모를 일이다. 말 한 마디가 이렇게 무섭다.

  말 이전에 빛이 있었다. "부처님의 광명은 한량이 없어 시방(十方)의 온 누리를 비추며(『아미타경』) 지옥을 향해서도 빛을 비추어 중생들이 평안을 얻는다(『지장경』)." 빛은 어느 종교에서나 위대한 상징으로 대접받는다. 빛의 도움으로 앎을 확장할 수 있었던 인류는 빛에 신성을 부여해 값을 치렀다. 사람은 빛에 기대어 세계를 인식할 수 있다. 빛의 유무로 존재의 유무를 파악하고 빛의 후박으로 사물을 식별한다. 미개를 타파하는 것도 무지를 일깨우는 것도 빛이다. 문명이란 것도 팔할은 빛에게 진 빚이다. 빛은 색을 생산한다. 색의 무수한 조합에 따라 모래알처럼 많은 형상이 갈라졌다. 개와 소를 서로 다르다고 여기고 돌멩이보다 보석이 더 귀하다고 생각하는 이유는 궁극적으로 빛의 지배를 받고 있기 때문이다. 그러나 '눈에 보이는 것'은 '말할 수 있는 것'만큼 사람을 속이는 데 능숙하다. 날이 저물자 극락강의 물줄기는 노을 속으로 황급히 도망쳤다. 극락인 곳도 극락 아닌 곳도 없이 온통 어둡다. 만져지는 건 바람뿐이다. 솜털조차 가지지 못한 화쟁(和諍)은 당위적인 양보에 의한 타협이나 조정을 뜻하지 않는다.
제 성질대로 살아갈 뿐인데(諍) 어떤 영문인지
그것이 우주를 유지하는 데 보탬이 되는(和) 오묘한 이치를 뜻한다.
이쪽에선 어린아이를 토막 내 땅에 묻고는 오리발을 내밀고
저쪽에선 생판 남의 목숨을 구하고 대신 죽는다.
부서질 듯 부서지지 않는 얄궂은 균형.
비리(非理)의 리(理).

찾아보기

서울/경기도 지역
남양주 묘적사의 연못 126
서울 수국사의 황금사원 100
서울 호압사의 호랑이 164
안성 칠장사의 임꺽정 170
양평 사나사의 부도 82
의정부 망월사의 위안스카이 194

충청도 지역
공주 신원사의 중악단 40
공주 갑사의 불족적 52
공주 영평사의 구절초 108
괴산 공림사의 송시열 200
논산 관촉사의 미륵 22
서산 부석사의 기러기 214
제천 덕주사의 능엄주 28
천안 광덕사의 호두나무 138

강원도 지역
영월 법흥사의 만다라 46
춘천 청평사의 고려정원 144

전라도 지역

강진 백련사의 동백 114
곡성 태안사의 능파각 70
광주 무각사의 극락강 262
남원 실상사의 석장승 88
남원 선국사의 교룡산성 256
부안 개암사의 우금바위 76
순창 만일사의 고추장 10
익산 숭림사의 달마 206

제주도 지역

서귀포 봉림사의 하논 226
제주 서관음사의 '4·3' 188

경상도 지역

김해 모은암의 가야 176
경주 골굴사의 원효 182
고령 반룡사의 대나무 120
대구 부인사의 포도밭 232
밀양 표충사의 산들늪 220
문경 김용사의 해우소 34
상주 남장사의 이백 58
영주 희방사의 기차역 238
울산 동축사의 관일대 244
양산 용화사의 낙동강 250
의성 고운사의 가운루 16
안동 연미사의 제비원 64
예천 용문사의 윤장대 94
진주 응석사의 무환자나무 150
함안 장춘사의 불두화 156
함양 벽송사의 미인송 132

271

길 위의 절

글·사진　장영섭
2009년 4월 16일 초판 1쇄
2011년 4월 15일 초판 2쇄

펴낸이　박상근(至弘)
주간　류지호
책임편집　이상근
디자인　백자복
제작　김명환
홍보마케팅　허성국, 김대현, 김영수
관리　윤애경

펴낸 곳　불광출판사
138-844 서울시 송파구 석촌동 165-14 진양빌딩 2층
대표전화　02) 420-3200
편집부　02) 420-3300
팩시밀리　02) 420-3400

출판등록 제1-183호(1979. 10. 10)

ⓒ장영섭
ISBN 978-89-7479-558-0. 03220
값 13,000원

독자의 의견을 기다립니다.
http://www.bulkwang.or.kr

잘못된 책은 바꾸어 드립니다.

불광출판사는 '불서(佛書)와의 만남이 부처님과의 만남'이라는 신념으로 책을 펴냅니다.
부처님의 빛으로 우리에게 본래 깃든 부처의 씨앗을 싹틔우는 책을 출판, 개개인의 성장을 돕고
이웃을 밝히고 사회를 밝혀 모두가 행복한 세상을 일구는 주춧돌이 되고자 합니다.